お金の知識があるだけで

あなたが見られるはずの とびきり輝く世界について

安藤真由美
mayumi ando

If you have any knowledge of money,
You will see the world in all its glory!

日経BP

はじめに

あなたが最近買ったもので、
「これはいい買い物だったな」と思えるものはありますか？
少し考えてみてください。

満足いくお金の使い方ができる人は、お金とつきあう才能があります。

なぜなら、お金は自分の人生をよくするために存在するからです。

「お金を貯めるために好きなことを我慢している」人は、いくらお金を貯めていても、もったいない人だと思います。自分のために、ここぞというときに思い切って使える人のほうが、お金といいつきあいをしているといえるでしょう。

あなたの人生はあなたが主役です。決してお金に主役の座をゆずり渡してはいけません。

本文でもお伝えしていますが、**私は最もいい投資は自分への投資だと思っています。**自己投資なしで安定したお金の道はない、と言ってもいいでしょう。

それは、リスクが限りなくゼロに使い一方、リターンを最大化できる可能

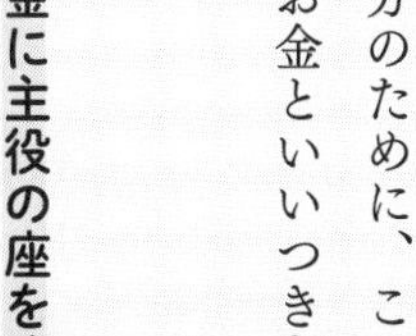

性がある唯一のものだからです。

自分へ投資をする場合は、事前にいくらかかるかが分かります。**リスクはこれだけです。**しかし、リターンは無限です。学んだことがテコになり、さまざまな未来を連れてきます。

たとえば何か株を買ったとしましょう。

株には値上がり値下がりするかだけでなく、タイミングや経済の状況などさまざまなリスクがあります。

またあなた自身が、その株を検討したり、メンテナンスしたり、売ろうかどうか判断するために「時間」や「知識」をどれくらい持てるかもリスクのひとつです。

自己投資はその点シンプルです。**どこまで増やせるかは自分次第、リターンははかりしれません。**自分にたくさんお金をかけてほしいです。

「自分はどういう人生だったら楽しいか」ということを忘れないでください。**お金は、あなたを輝かせるためのただの道具です。**

せっかく自己投資をするなら、自分が楽しい自己投資をするべきです。

何にお金を使ったら自分は嬉しいのか、どんな自己投資だったら楽しめるのか、ワクワクしながら考えてみてください。正解はありません。「あなたらしく」がいちばんです。

私は、すべての人に投資をおすすめしているわけではありません。

「お金を貯める」「働いて稼ぐ」「投資して増やす」の中から、自分の性格にあった、得意なものに重点を置くのがいちばんだ

と思っています。

たとえば、投資は自分の「時間」がどれだけかけられるか、「知識」はどのくらいあるのかが重要になってきます。また、どこまで下落して大丈夫なのかの「リスク許容度」も人それぞれです。

投資のことを気にして、自分が楽しくないということは、最も避けたいことです。

「時間」や「知識」は、あなたの大きなリソースです。**その貴重なリソースを「私は別に投資のために費やしたくない」と考えるならそれでいいのです。**ただ、ひとつだけに絞ってしまうとリスクがあるので、自分が柱に決めたもの以外も、分かっていると安心です。

私は22年間、ファンドマネージャーやアナリストとして数百社に及ぶ投資先の分析を行ってきました。現在は、企業や大学などで講演や経営相談などをしています。

また、女性の自立とは経済的自立であるということ

とを痛感し、より多くの女性の幸せを手助けしたいと、女性のためのお金の講座も多数行っています。

この本では、ＮＩＳＡを実際に一緒に設定することも行います。

そうやって「口座ってそもそも何なの？」という疑問から、「こう選べばいいのか」「目論見書はどこを見ればいいのか」といったものまで不安が解消できるようにしてみました。

今ＮＩＳＡをやっているという方でも、この先、より広い投資全般に応用できる大切なキモはしっかりと書きましたので、ぜひ読んでみてください。投資は、ちょっと知るだけで、見える世界はかなり広くなるので、楽しいとも思います。

この本を読み終わるころには、「お金が苦手」という意識は消えていると思います。

お金とのつきあいを不安がり、本来はあなたの人生を輝かせるためのただの手段であるお金に振り回されるなどということが、いちばんもったいないことです。

お金に強くなり、
あなたの世界を
とびきり輝かせましょう！

Contents

chapter 0 最高の旅に出発しよう

chapter

1 お金とつきあう前に準備すること

chapter

2 心地よく貯める

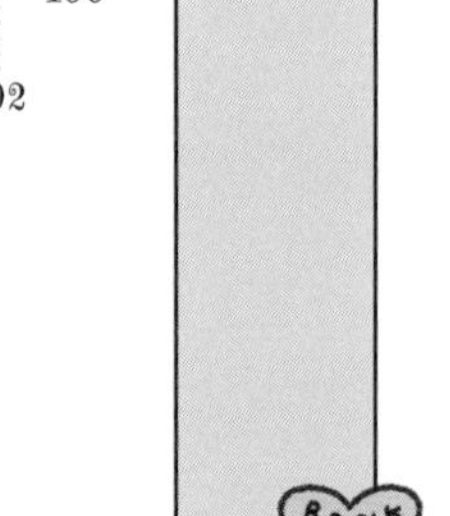

chapter

3 自分らしく働いて稼ぐ

chapter

4 むりのない投資で増やす

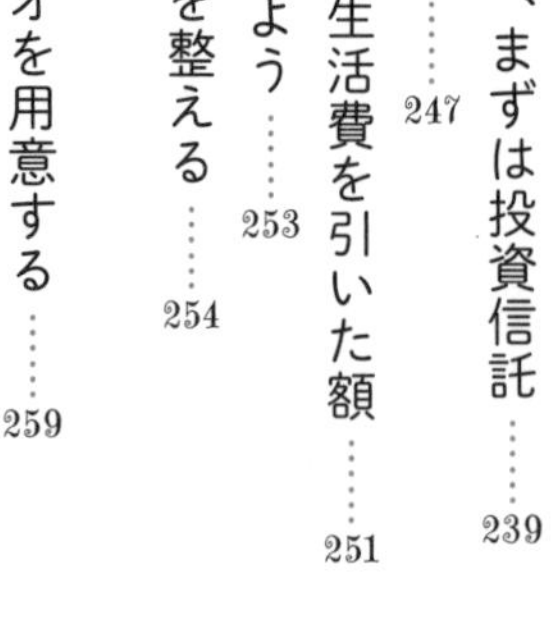
0000

chapter 0

最高の旅に出発しよう

最高の投資は自分への投資

あなたは、何にお金を使うのが最もいいと思いますか？

投資の考え方で言うと、実はいいお金の使い道は決まっています。

それは、**自分にお金をかけることです。**「はじめに」にも書きましたが、何よりもこのことを覚えておいてほしいと思います。

いちばん大切なのは、自分の望む人生をイメージし、その実現のために自己投資していくことです。

もしかしたらそんなことは簡単だと思うかもしれません。

しかし、実際に、

「ここに百万円があるとして、あなたの望む人生のために使っていいですよ」

といわれたとすると、あなたは何にお金を使いますか？

その使い道は「あなたがどんな人生を送りたいのか」というイメージと違和感なく

合うでしょうか？

私が今までお会いした方々の中でよくお見かけするのが、「自分が望む人生」と「現在の自分の生き方」が一致していないことです。これらについては次の項目で詳しく触れます。

お金は何のためにあるのでしょうか。

それは、あなたらしい人生を生きるためです。人生が主でお金が従です。

お金について詳しくなりたいなら、まずは「自分らしさ」を知ることです。その「自分らしさ」を丈夫に育てていくために必要となる資源（リソース）がお金です。

あなたの自分らしさは何ですか？

この後から、ゆっくり一緒に考えていきましょう。

お金のことを知るなら、「世の中」を知ることが大切

どんな人生を送りたいのかイメージさえできれば、情報を集めて必要なものを調達していくことが可能になります。

特に知るべきなのは「世の中」です。

自分を取り巻く状況や、人々の行動様式など、なぜ世の中が今の形で動いているのか、今後どのような変化が生じる可能性がありそうか、世の中をしっかりとらえることが必要です。

こう聞くと難しいと感じるかもしれません。しかし、「自分なりにしっかり考える」だけでいいのです。そんな姿勢を持つことが、お金とつきあう上での基本姿勢になります。**難しいからと、お金に関して他人の情報をうのみにしたり、誰かに任せてしまうことはとても危険なことです。**

間違えてもかまいません。自分なりに考える姿勢を忘れないでください。

「貯める」「稼ぐ」「増やす」の中から自分が得意なものに重点を置く

お金には、「貯める」「稼ぐ」「増やす」の3つの側面があります。「貯める」は節約したり管理すること、「稼ぐ」は働いてお金を得ること、「増やす」は投資だと思ってください。

あなたは、この3つの中のどれがいちばん得意ですか？

今、社会が投資ムードになっていると言っても、無理に投資に比重を置く必要はありません。得意なことを中心にしましょう。**自分に向いてないことを一所懸命するよりも、得意なことを柱にするほうが長く続きます。**どれを中心にしても大丈夫です。

また、苦手なジャンルがあっても、この後どうすればいいかお伝えします！

お金はずっとつきあうものなので、無理は禁物です。「自分らしく」長くつきあえるのがいちばんです。

お金とのつきあい方を見ると、その人の生き方が分かる

これまで、たくさんの方の家計や投資の様子を拝見してきました。

お金とのつきあい方を見ると、その人の生き方がハッキリと分かります。

お金とのつきあい方は生き方の鏡だとも言えます。

私が主宰するお金の講座の生徒さんたちの節約や貯蓄の仕方、家計の管理方法、資産の運用状況などを確認すると、それぞれが今何に重点を置き、どのような選択をし、お金をどのように使っているかが浮かびあがってきます。何よりも正直なのです。

見えてきたことをそのまま伝えると、「どうして分かったんですか？」と驚かれることもあります。これは私が何か特殊能力を備えているのではなく、客観的に誰が見てもそう思うでしょう。ただ、自分のことは近すぎて見えないのです。

お金とのつきあい方には、自分の暮らしぶりが鏡のように映し出されています。

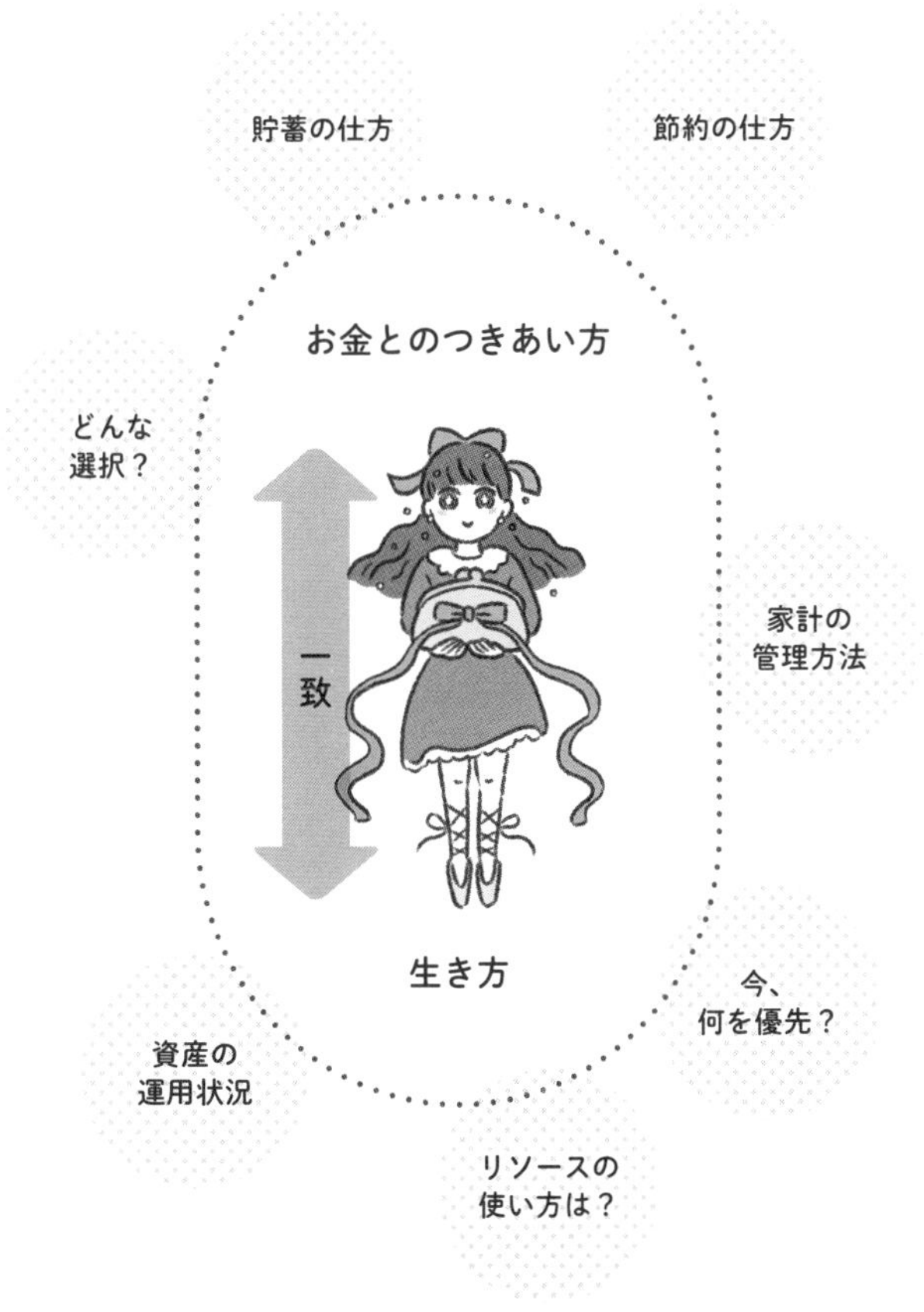

お金の使い方と生き方は一致する

あなたは本当に自分が望む人生を生きていますか？

自分が望む人生を知ることが大切と言いましたが、生徒さんたちのお金の状況を見ていると、**「理想の人生」と「現在の自分の人生」が違っている人が多いです。**別の言い方をするなら、自分の望みを横に置き、他の誰かの人生を生きている方が多いということです。

現代社会に生きる私たちは、忙しかったり疲れていたりして、目の前のことをこなすのが精一杯です。一度立ちどまって全体を俯瞰《ふかん》したり、将来を見据えて考える余裕などありません。

たとえば、不安を抱えているのに、お金の管理をまったくしていない方も相当数いらっしゃいます。

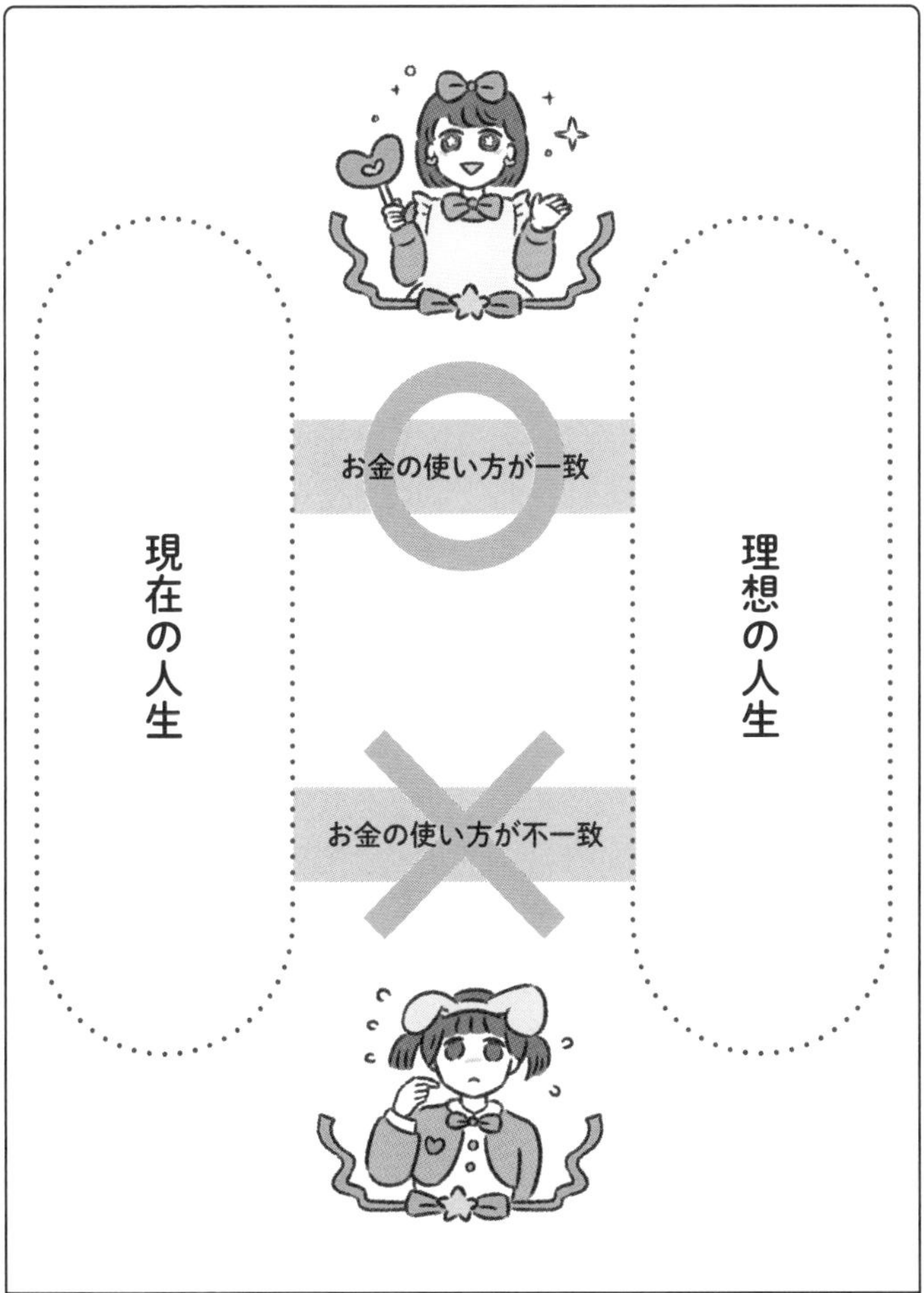

あなたの現在の人生と理想の人生は一致していますか？

自分の人生の舵を他人に渡してはいけない

お金に関して行動はしているけれど、はやりの方法を真似たり、周囲からすすめられるままに家計管理や資産運用をしている方も多くいます。

意外とありがちなのが、銀行ですすめられて投資信託を買ったけれど、結局損をして困っているという相談です。安心して暮らせるよう節約を心がけ、できる限りのことをしてきたはずなのに資産が減ることは誰しも避けたいはずです。

最も驚いた相談に、退職金をほぼ全額（！）ひとつの投資信託に投資しているという方もいました。**その方に質問してみると、投資信託のしくみやリスクについて把握しておらず、右肩上がりだったときの実績を見せられ、このままなら倍増しそうと感じて購入したことが分かりました。**

ほかにも、よく確認せずにＦＸ（外国為替証拠金取引）に手を出したり、仕組債を購入している方もいました。ＦＸや仕組債は、構造が複雑で、プロでも大きな損を出すこともあるものです。

分からないまま手を出すのは危険です。家計管理に一所懸命取り組んでいたとしても、これではもったいないばかりか危ないです。

投資は、「賭け事」ではありません。**お金については「自分が理解していないもの」に手を出すことは絶対にやめましょう。**先に書きましたが、お金に関して他人の情報をうのみにしたり、誰かに任せてしまうことは、絶対に避けましょう。

自分の人生の舵を他人に渡してはいけません。

私たちは誰もが、自分にとって大切な価値観やゆずれない想いを心の中に抱いて生きています。それらが満たされるとき、心地よさや安心感を感じることができます。

それは、お金でもそうです。**しかし実際には、お金に関して納得感のある「自分らしい」お金とのつきあい方ができている方はとても少ないです。**これは、お金の情報が複雑になっている現代では特に難しいことではあります。

自分軸を持ちにくい教育＝金融リテラシーも持ちにくい教育

忙しかったり、疲れていたりするからお金の管理ができないということは、お金のリテラシーがない直接の理由ではありません。

根本的な原因がふたつあると思います。

ひとつは、お金に対する知識がないこと、つまり日本人の金融リテラシーが低いことです。２０２２年から高校の金融教育がようやく必修になりましたが、それ以前はまったくと言っていいほどお金について知る機会はありませんでした。

しかも、日本ではお金について「汚い」「人前で話すのははしたない」などマイナスの印象を子どもの頃から植えつけられることも多く、**普段からお金について他人と話す機会も限られています。**これでは金融リテラシーを高めようがありません。

もうひとつは、日本の教育は**先生や社会が「正解」とするものを受け入れる方向で進んできたということです。**世の中の出来事に唯一の「正解」はありません。ただ、日本の教育では前提を疑い、自分の頭で考えて判断することが、必ずしもよいとはされてきませんでした。**管理する側にとって、都合のいい社会が形成されてきたのです。**私たちは成長する過程で、疑問や意見を許さない空気感に包まれてきたと言っても過言ではないでしょう。

経済協力開発機構（ＯＥＣＤ）が実施する国際教員指導環境調査（ＴＡＬＩＳ）によると、日本の小中学校の教員が生徒に対して「批判的に考える必要がある課題を与える」機会は、世界のなかでも圧倒的に少ないです。日本の義務教育が生徒に対して、批判的に考えるクリティカル・シンキングを教えたり、正解のない問いに向き合うことを軽視してきたことが分かります。

「正解」を暗記することで評価され続ければ、思考停止に陥ります。
世の中の「正解」だけを信じて生きる方法は、「他人軸」の生き方ともいえます。

こうなると、自分のありたい姿と現在のお金とのつきあい方が一致しないこともしかたありません。さまざまな情報を吟味し、しっかり考えたうえで、自分のありたい姿（＝「自分軸」の生き方）を見つけ、そしてお金とのつきあい方と一致させていきましょう。

正解はないもの。自分で考える力を大切にする

「自分らしさ」を何より大切にする

それでは、自分の望む人生とは何でしょうか。

「望む人生があって、絶対その通りに生きたいです！」という方から、「自分が人生に何を望んでいるのかよく分かりません」という方まで、さまざまな人がいます。

「自分らしさ」とはどういうことでしょうか。辞書では、「偽ったり取り繕《つくろ》ったりしていない本来の自分のありよう、ありのままの姿」（『実用日本語表現辞典』より）と定義されています。

私としては、**「自分にとって大切な価値観やゆずれない想いに耳を傾けながら、自分自身が心地よくいられる選択を続ける姿」を意味する言葉ととらえています。**

私たちの人生は一度しかありません。そして、その人生はみんな、それぞれ異なっています。趣味や仕事も、住んでいる場所も、必ずしも一緒ではありません。誰かがいいと思ったことが、自分にとっていいかどうかも分かりません。

ここでひとつ、私の体験談をご紹介したいと思います。

私が見習いコーチとして、コーチングの練習を始めたときの話です。

私はクライアントの役に立ちたい一心で、いろいろな対処法や解決方法をお伝えしていました。クライアントは「それよさそうですね。やってみます！」と言うものの、次のセッションで聞くと、「結局やりませんでした」「少しやったけれどやめてしまったんです」という状況が続きました。

悩んだ私は、自分のスーパーバイザーに相談しました。そこで明らかになったことは、自分にとって最適な選択は本人にしか分からないこと、コーチがクライアントの代わりに考え、対処法をアドバイスしてもダメだということでした。

コーチはクライアントがしっかり考え、自分で判断するための支援に注力しなければならなかったのです。そのことに気づいて以降、私は対処法や解決方法をアドバイスすることをやめました。

クライアントの中には、「正解を教えて！」「安藤さんだったらどうしますか？」と聞いてくる方もいますが、クライアントが判断できるような環境をつくるようにしています。
他人がよいと思う答えを伝えるのではなく、本人が考えられる場を整えることで、クライアントが進みたい方向に踏み出しやすくなったことを目撃したのは私にとって大きな影響を与えています。

見習いコーチとして学んだことは、自分のありたい姿や生きたい人生のあり方は自分にしか分からない、ということです。先生や親やパートナー、友達などまわりの人たちが、どんなにあなたのことを思って考えたことであっても、それは誰かにとっての正解に過ぎません。**それを選択するかどうかは、あなた自身の判断です。**

自分らしくあるために、まずは、目の前のことを自分で考え、判断してみてください。それを続けることで、誰のものでもない自分の人生を、あなたの理想に近づけていくことができます。

自分の人生を生き切るためには、「自分らしさ」が何より大切であることを決して忘れないでください。

人間は絶対に死ぬ

今やっていることが一段落したら、子育てが終わったら、退職したら……「いつか○○をしたい」ということを言ったことも、聞いたこともあるでしょう。

しかし、今それができないこと、つまり自分の理想と異なる生き方を続けているのは、自分をないがしろにしていることと同じです。

つい忘れがちになりますが、人間がいつか死ぬ確率は１００％です。

誰もがいつか必ず人生の終わりを迎えます。

ただいつなのかが分からないだけです。

人生の残りがどのぐらいあるのか分かれば、逆算して最適なタイミングを見極めることもできるかもしれません。

しかしそんなことはできません。**理想と異なる人生に甘んじるよりも、自分らしい**

人生を後悔なく生き切ってみたいと思いませんか。

長いようで短く、短いようで長い私たちの人生。

今が人生のどの時点であったとしても、「今日」が私たちのいちばん若い日です。

人生１００年時代、いくつからでも遅くはありません。私の生徒さんも、20代から70代までいます。

思い立ったときにぜひ、一歩踏み出してください。

だれかにこれまで正しいとされてきた道を進み続けるのではなく、自分らしい人生を歩むために必要な第一歩をいま踏み出してみてください。

自由とは、経済的自立である

お金は、あなたの人生のためにある

ここまで読んでみて、お金の本だと思っていたのに、自分らしい生き方を見つける話になっていて戸惑った方もいるかもしれません。

しかし説明してきた通り、自分のお金を貯めるにせよ、増やすにせよ、守るにせよ、何をするにも「自分らしさ」が大切になります。

何度も言いますが、自分の「人生のためにお金がある」ということを大切に考えてください。お金のために人生を犠牲にするなんて本末転倒です。

まずは自分と向き合い、「自分らしい生き方」を見つけることからすべてが始まります。

この本は、第1章で「自分らしい生き方」を知り基礎を固めたあと、

貯める（第2章）

稼ぐ（第3章）
増やす（第4章）

という流れで進めていきます。

この本の前半では、とにかく「自分らしい生き方」についてページを割いています。なぜなら、お金を貯めたり、稼いだり、増やしたりするためには自分が軸になるからです。といっても堅苦しくなく見つけられるように工夫しました。

無理のないステップで進んでいって、**後半では、具体的な投資の方法も分かりやすく解説します。**

読み終わる頃には、自分の人生を心地よく生きるために必要なお金まわりの知識がつき、「私がここまでお金に関して自由自在に考えられたり、行動できるなんて」と思えるようにきっとなるので、楽しみにしていてください。

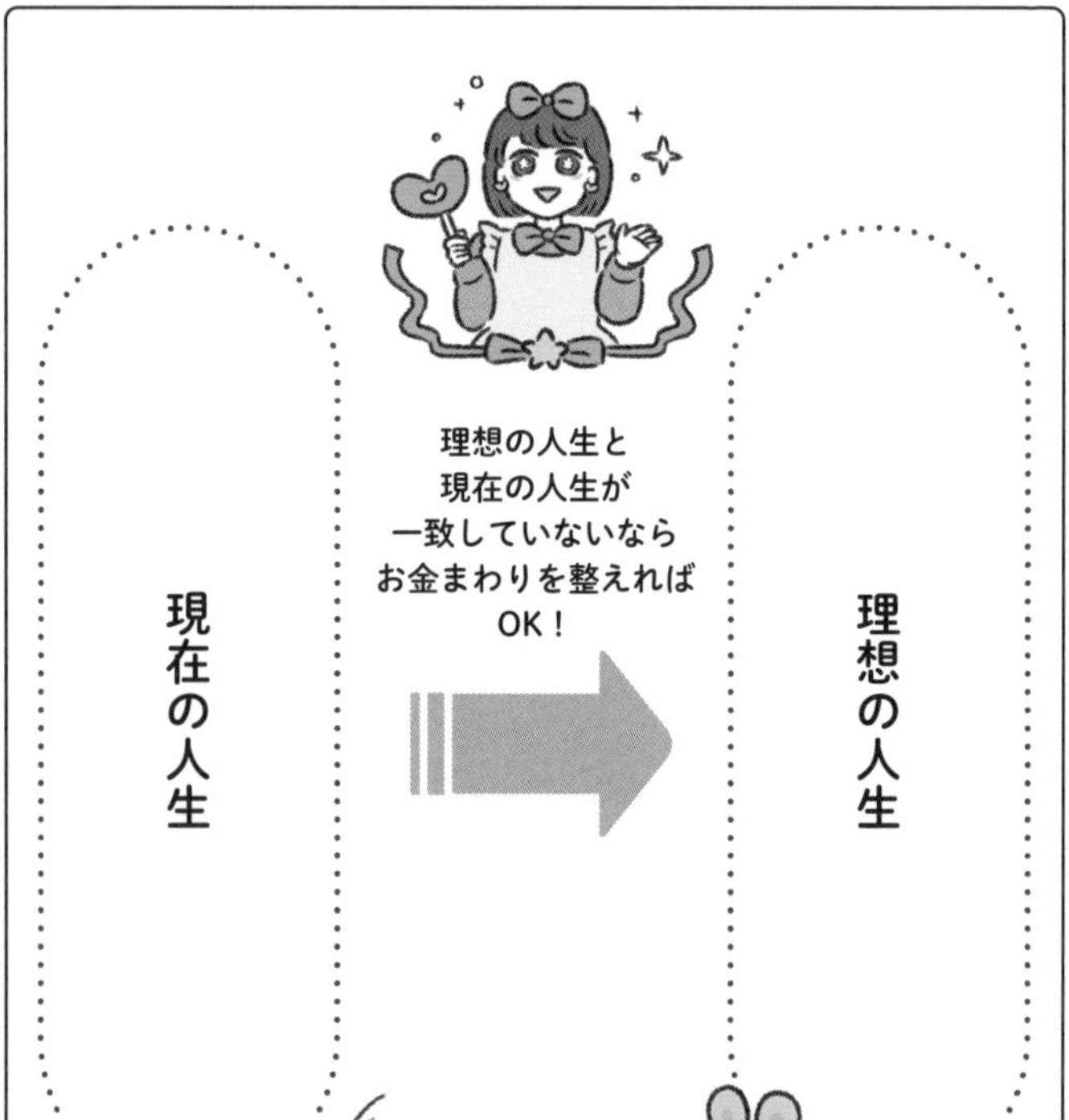

お金を先に整えれば、理想の生き方になる

chapter 1

お金とつきあう前に準備すること

お金は「整える」気持ちでいると いちばんつきあいやすい

この章では「貯める」「稼ぐ」「増やす」に入っていく前に、下準備をしたいと思います。

それは、「お金に使われず、使う人になる」姿勢をきちんと持つことです。

序章でも少し触れましたが、大切なことなので1章割きたいと思っています。早く実践的なところに入りたい人も、ぜひ読んでください。**きっと見える世界が変わってくると思います。**

自分らしいお金とのつきあい方を見つけるために重要なキーワードをまずはお伝えしたいと思います。

それは、「整える」という考え方です。

増やそう、貯めようと頑張るよりも、お金に関しては「整える」という気持ちでいるのがいちばんです。

体調が整っていると、心に余裕ができて前向きな気持ちになれたり、やさしくなれたりします。

時間（スケジュール）が整っていると、焦ったり、誰かに迷惑をかけてしまうリスクが減ります。

部屋が整っていると気持ちがいいですし、探し物がすぐに見つかるため時間を有効に使うことができます。

お金についても同じです。

お金まわりを整え、今いくら持っているか、今後いくらの収入と支出がありそうかを把握できれば、将来の見通しを立てやすくなります。

無自覚な出費や後悔を伴うような使い方を減らし、自分にとって大切な人や物事にお金を使うことができたら、満足度がアップするはずです。

お金まわりを整えることで、人生も整っていきます。

お金が整えば、自信が生まれる

「自分のお金をきちんと整理できている」という実感が湧くと、自分の人生のハンドルを自分で握って生きているという気持ちになります。こうした充実感や自己効力感、将来の見通しが立った安心感などが自信につながっていきます。

こうして、気持ちがいい、心地よいという時間も増えていきます。

自分で自分をいい状態にコントロールする力を、私は「ごきげん力《りょく》」と呼んでいます。**「ごきげん力」の高い方のまわりには、自然と人が集まります。**

信頼できる仲間とのつながりがまたよい効果をもたらします。「ごきげん力」を身につけるためにはまず、自分が何で動くのかを見つけることが必要です。

どんな場面で自分のモチベーションが上がり、やる気が出てくるのか、そのポイントを知っておきましょう。

あなたの「やる気スイッチ」は何でしょうか。やる気スイッチの場所や大きさは人により、千差万別です。

お金、名誉、正義感、感謝、貢献、情など人によりさまざまです。

また、どんなときに怒りを感じるかを知ることも重要です。怒りを感じるということは、自分にとって大切な何か（自分の信条、コアビリーフ）を侵害されていることを意味するためです。

ぜひ、ご自身の感情の動きに耳をすませながら、やる気スイッチを探してみてください。そして、いつも機嫌よくいられるために、「ごきげん力」を高めていきましょう。お金まわりが整えば、自信が生まれてきます。そして、すべてのプロセスが「自分らしい」理想の生き方につながっていくはずです。

あなたの「人生の地図」は自分で選べる

自分がどう生きたいかを知っている、つまり、すでに自分の「人生の地図」を手にした状態は、気持ちがいいものです。

目的地と大まかな道標が分かっていたら、安心して前に進めそうな気持ちになれます。

たとえば暗闇で迷子になるような、予期せぬ事態に陥っても、北極星のような目印があれば少し余裕を持って軌道修正できることでしょう。

その一方で、あえて計画を立てず、白地図を持って偶然の出会い（セレンディピティ）を楽しむ生き方も素敵だと思います。

一見、正反対の生き方のように見えますが、どちらもＯＫです。

今あなたが手にしたい人生の地図はどのようなものなのかを、自分自身で選んでいればいいのです。置かれた場所で耐えるのではなく、自分で「選び」、前進できる力が大切です。

リスクとは、「確実ではないもの」

「自己投資は最高の投資」と序章で言いましたが、その理由は、**リスクを限りなく抑えながら、リターンを最大化できる可能性のある唯一の方法だからです。**

ここで、金融の「リスク」について知っておきましょう。

投資に関して「リスク」という言葉はよく聞くと思います。リスクとは一般には危険性の意味で使われますが、投資の世界では「確実ではないもの」を指します。

投資は通常、プラスになるかマイナスになるか分からないことが多いですよね。それをリスク（不確実性）と言います。**ここで重要なのは、マイナスだけでなく、プラスになることもリスクと呼ぶことです。**先が読めないことがリスクなのです。

自分へ投資をする場合、たとえば何かを学ぶ場合に使う金額は、事前に分かります。学費が後日、増えたり減ったりすることはあまりありません。しかし、そのリターンについては、昇格したり、転職したり、独立開業したりすることで生涯賃金をアップできる可能性があります。つまり、リスクは抑えやすいのに、リターンは大きくできるのです。**どこまで増やせるかはあなた次第、リターンは無限大です。**
自己投資について考えるとき、自分にお金を使うことに罪悪感を覚えたり、自分よりも他人（たとえば家族）のことを優先しがちな方もいます。経済的に誰かに依存している場合には、自分に投資をする前に許可を取らなくてはならないかもしれません。しかし、自由を手に入れるために、「自分への投資は大事なターニングポイントだ」と思ってください。自分らしい人生を生きたいなら、何を置いても精神的にも経済的にも自立をはかることです。**自分軸で選択していける状況を意識していきましょう。**

今の会社や仕事が永遠に存在する保証はありません。経済的な理由で離婚できない、パートナーに収入がなくなって困っている、などの相談を受けることもあります。将来、途方に暮れたりしないよう、あらゆる場合に備えて自立した状態を整えておきましょう。

お金について知ることは世の中を知ること

お金の知識を持つと、世の中のしくみや流れが見えやすくなります。最初は切れ切れに知っていたニュースなどの断片がつながり、社会が見えてきます。私が直接教えた方々からも、さまざまな事象の背景が明らかになった、予測が立てやすくなった、見える世界が変わって楽しくなった、という声をよく聞きます。

自分自身の選択がしやすくなったという方も多いです。いいことづくめです。

お金について学び、ある程度の知識を持っている人は実際はそんなに多くありません。

お金についてマイナスのイメージを持っている人は、お金について学んだり、誰かとお金の話をすること自体にためらいを感じるかもしれません。

また、お金の話は難しい、あるいは面倒くさいと思っている方は、誰かに丸投げしてどうにかしてほしいと感じているかもしれません。

ただ、どちらにしろ世の中を知らなければ、だまされる可能性は高くなります。「なんだかおかしいな」と感覚的に思っても、通り過ぎてしまい、損するかもしれません。

私たちは、それぞれが生きる権利を持っている

ここからは、「あなたの理想の生き方」について一緒に探していきたいと思います。

まずはご自身の現在地を確認するところからスタートしてみましょう。

次のページのワークシートをご覧ください。

下の例を見ながら、8つの分野についてあなたの現在の満足度を0点から10点の範囲で記入し、全体を線でつないでみてください。

なお、物理的環境とは、現在のお住まいや勤務先の環境、通勤の状況などをイメージしてください。

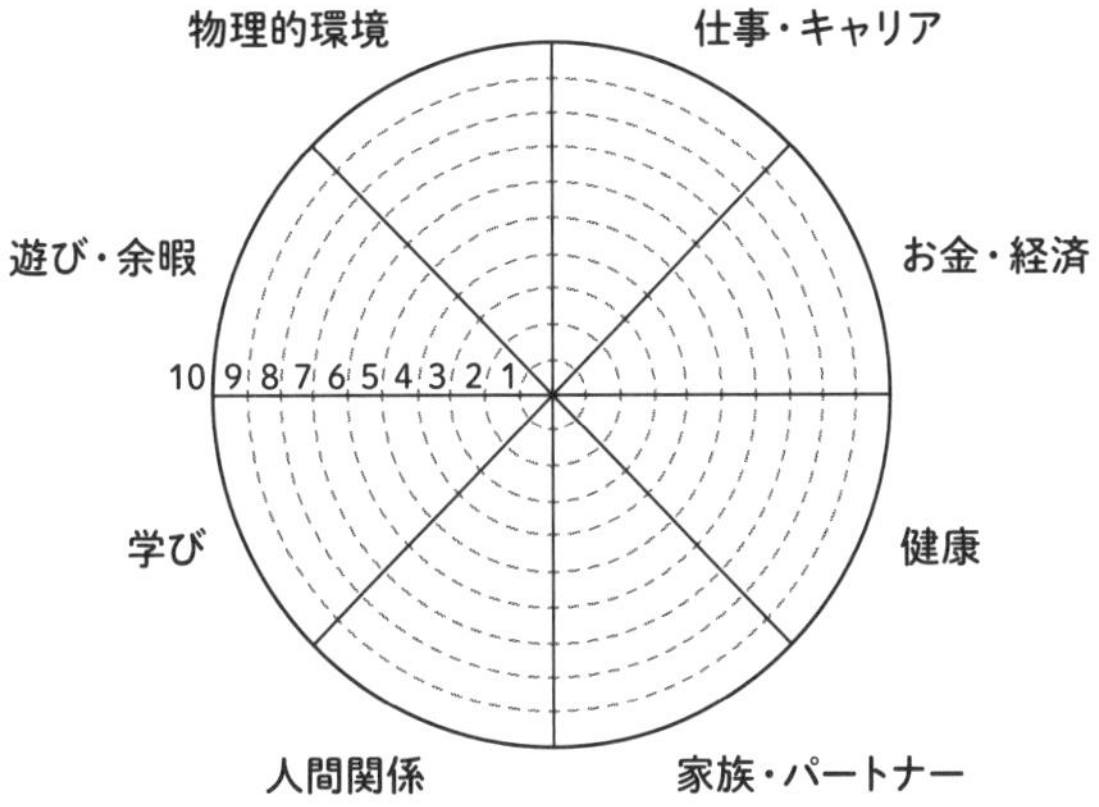

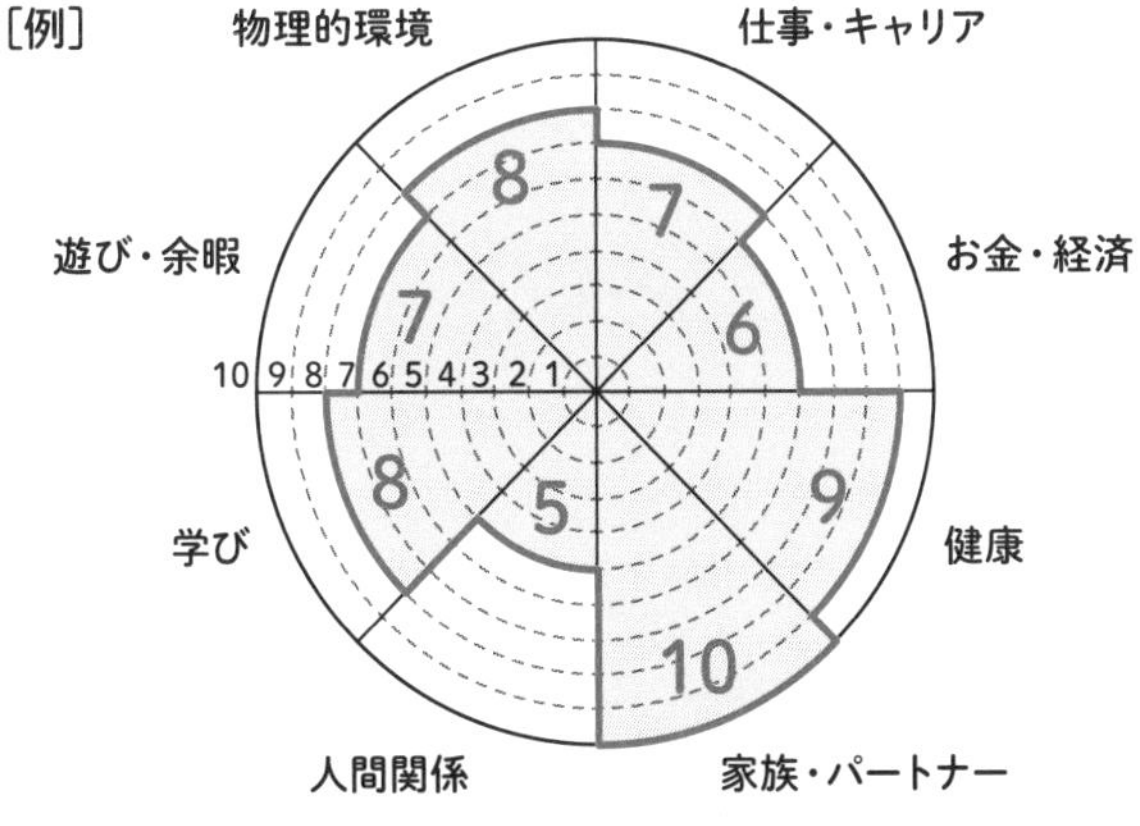

あなたの現在位置を知ろう

いかがでしたか。記入してみて、気づいたことはありますか。特に低い分野や高い分野がありましたか？　また、線でつないだ図形の大きさはどうでしたか？

この図形は、現在のあなたの満足度を表しています。体調や忙しさやいろいろな要因により変化しますので、今後も定期的に描きながら、変化や推移を確認していくことをおすすめします。

自分の満足度の高い、あるいは低いジャンルはどこでしたか？

高い分野はなぜだと思いますか？　理由を考え、再現できるようにしましょう。また低い分野は、あと1点を上げられるように心がけてみましょう。

実際にこうして見てみることで、なにか感じたり、思い浮かぶことがあるかもしれません。たとえば子どもの頃にやりたかったことや、好きだったけれど途中であきらめてしまったものなどを思い出すかもしれません。

しかし、ここで何か目標を決めて具体的に行動しなければならないわけではありません。「自分らしく、満足しているか」を基準に考えてください。

たとえば、私自身の場合はイメージする「人生の地図」はどちらかというと白地図に近く、最期の瞬間に「自分らしく生き切った！　後悔することは何もない！」と言えたら最高だなと思っています。

「自分らしい」とはどのような状態でしょうか。私は、自分自身が目指す方向に進みながら、心地よくいられる状態だと思います。

自分の大切にしている価値観やゆずれない想いを知り、大切にしながら暮らせる日々のことです。

自分の人生は自分のモノ！　と心から感じられたら素敵です。

私たちはそれぞれが自分の人生を生きる権利を持っているのです。

あなたはたくさんの宝物を持っている

「人はもともと創造力と才知にあふれ、欠けるところのない存在である（People are naturally creative, resourceful, and whole.)」

これは、私がコーチングの勉強をしていたときに出会った言葉です。初めて聞いたときはすぐにピンときませんでしたが、トレーニングを重ねるうちにこの言葉のすごさに気づきました。

私たちはみな、宝物と呼べるようなすばらしい才能を持っています。

誰ひとりとして同じ人はおらず、それぞれがすばらしい存在です。

ただそこにいるだけで、すばらしい存在なのです。

そして、それを信じて自分のリソース（本書では、自分が使える能力のほか、時間、エネルギー、お金、人脈などを意味しています）を最大限に活用することができれば、自分の人生を望む方向に近づけます。

高い、安いはあなたの心が決める

私たちは誰もが、自分の「心の財布」を持っています。

同じ物やサービスを見たとき、それを高いと感じるか、安いと感じるかは、人それぞれです。同じ人でも、状況や体調次第で感じ方が変わることもあります。

自分にとって大切なことや好きなことに対して、「心の財布」は開きやすい傾向があります。逆に、興味がない物やサービスは割高に感じます。「心の財布」は締まったままになるのです。

自分の「心の財布」にどんな特徴があるかを探ってみると、いろいろな発見があっておもしろいと思います。

大切なのは、自分の判断軸、自分の「心の財布」です。だれかの評価は関係ありません。常に自分の心の財布にもとづいた判断を続けていきましょう。

私たちを縛り、制限するもの

何かを変えようとするとき、「時間がない」「お金がない」「家族や会社に迷惑をかけられない」「これまでの経験ではどうしようもない」「もう若くはない」などと思ってしまうことがあります。

自分らしい生き方に向けて踏み出すことを想像したときにそう感じたなら、それは変化への抵抗です。

それまでに費やした時間やお金やエネルギーのことをサンクコストといいます。**サンクコストがもったいないからとやめるべきときにやめられないのは、過去に生きているのと同じです。**

失敗と感じることだって、成功への一ステップにすぎないかもしれません。とりあえず試してみましょう。ダメならやめればいいだけという気持ちでいると気が楽になります。とりあえず、やってみましょう！

私たちを縛る「世間教」の力

社会には、過去から続く伝統や慣習、暗黙のうちに形づくられたルールがあります。現状に違和感を感じても声を上げられなかったり、明らかな問題があっても動けないときもあります。

「みんなそれでいいって言ってるよ」

「ずっとその方法でやってきたから」

よく聞く言葉です。

でも、考えてみてください。「みんな」とは誰でしょうか。ずっとやってきたから変えないのは、考えることを放棄したのと同じではないでしょうか。

形骸化したルールを守れという圧力をかけられ続けると、何をしてもむだ、自分が考えても仕方がないと感じて思考停止に陥りかねません。**周囲の顔色をうかがいながら、他の誰かが決めたルールに従う他人軸の生き方、いわば「世間教」を盲信する信**

者のようになってしまいます。

自分軸と他人軸のイメージが湧きやすいよう、次のページにチェックシートを添付しました。直感で選んでみて、自分軸と他人軸のどちらが多いか、ご自身の傾向を知りたいときに活用してみてください。

誰かが決めてくれた生き方に従うほうが楽な場合もあります。**たとえて言うなら、誰かの運転する車に乗って、自分で運転しなくてもいい状態です。**それは楽かもしれませんが、自分の人生のハンドルをとられるのと同じです。

では、自分で運転するとはどういうことでしょうか。**それは、世の中で今何が起こっているかを知ることです。**外の世界で何が起きているのかを知り、その上で、自分たちが変わるのか、あるいはそのままでいくのかを選択しましょう。いちばんよくないのは、現状を維持したいから変わらない、耳を貸したくない、ということです。そういう人は、世の中から取り残されるかもしれません。

自分軸の例

- □ 自分の意見を表明できる
- □ 誰かに嫌われても気にならない
- □ 人はそれぞれ違っていてOK
- □ 常識の枠にとらわれる必要はない
- □ 自分の未来は自分で決めたい
- □ 自分で決断できる
- □ 自分で自分を信じることができる
- □ 機嫌よくいられる方法を知っている
- □ 自分と自分以外を分けて把握できる
- □ 嫌なときは断ることができる
- □ 自分で調べてから判断する
- □ 自分のやりたいことを把握している
- □ 自分で人生の舵取りをしている

他人軸の例

- □ 自分の意見を言うのが苦手
- □ みんなに嫌われたくない
- □ 変わった人だと思われたくない
- □ 同じだと安心する。常識的でありたい
- □ 親、パートナー、上司などの期待には応えるべきである
- □ 決められない、だれかに決めてほしい
- □ 周囲の言動にイライラしがち
- □ 環境や周囲の人たちに影響されやすい
- □ すすめられると断りにくい
- □ ＳＮＳの情報に影響されやすい
- □ 自分のやりたいことがよく分からない
- □ 自分の足で生きている気がしない

チェックシートをやってみよう！

大袈裟でも何でもなく、将来、消滅してしまうリスクもあります。

進化論のチャールズ・ダーウィンも言っている通り、環境に適応した生物は後世に子孫を残します。進化した者だけが生き残れるのです。

大切なのは、自分の大事にしている価値観やゆずれない想いを理解し、自分で考えて判断するための自分軸を持つこと。

世の中の構造や変化を理解して、自分の人生のハンドルは自分でしっかり握って生きていきましょう。

COLUMN

「世間教」の色眼鏡を外して世界を見てみよう

「世間教」はなぜ生まれたのでしょうか。それは、私たちを管理しやすくするためです。効率よく社会を回すため、簡単に私たちを支配するために生まれた無意識の思い込み（アンコンシャス・バイアス）の一種ともいえます。

私たちは誰もが、何らかのアンコンシャス・バイアスを持っています。

子どもは、親や先生から、その人がいいと思う言動をすると褒められ、周囲と違った言動をすると叱られます。こうやって、何をしたらいいか、何をしてはいけないかを学んでいきます。

子どもにとってこの影響はとても大きく、学歴や職業、年齢、性別、家族構成などに対して、自分の周囲の大人のこうあるべきという勝手な期待や決めつけまで吸収してしまいます。無意識のうちに「世間教」という色のついた眼鏡を通して世の中を見るようになっているのです。

たとえば、「女の子には理系は向いてない」とか、「もう年なんだから無理だよ」など、性別や年齢で相手のことを決めつけてしまうバイアスが存在します。こうしたバイアスを持っている人は、悪気がなくても誰かや自分を傷つけることもあります。

また、選択肢も狭めてしまいます。

アンコンシャス・バイアスがあると、どんな仕事につきたいとか、何が好きか、嫌いか、どのような人とつきあうかなどが、もしかしたら「本当に自分がやりたいこと」と違う選択になってしまうかもしれません。そうなると、大切な「あなたらしい人生」の障害になります。

残念ながら、このアンコンシャス・バイアスから完全に自由になれる人はいません。ですので、自分自身の持つバイアスを探ってみましょう。

自分にバイアスがあるという前提で意識しながら過ごし、色のついた眼鏡を外せるように試してみてください。そこから解き放たれることで、世界の見え方は大きく変わってくるはずです。

COLUMN

女性というだけで、残念ながらお金に関して不利

家父長制という言葉をご存じでしょうか。これは、**年長の男性が意思決定権を持つ社会や家族制度を指す言葉です。**

１８７１年（明治4年）、日本で初めて本格的な戸籍制度が制定されました。１８９８年（明治31年）には、家制度が導入されました。

家制度の特徴は、家族がひとつの家に属し、全員が同じ苗字を名乗り、年長の男性が戸主《こしゅ》として家族を統率することです。戸主には家族の結婚や住所を指定する権利が与えられていました。それまで武家など一部に浸透していた家制度を一般に普及させることで、社会の管理、統制をしやすくしたとの説もあります。

１９４７年（昭和21年）の民法改正で家制度は廃止されましたが、その後も家父長制的な考えは続いています。

たとえば、日本の法制度は現在も、男女の異性が夫婦となり、同じ苗字を名乗ることにしています。それが「普通」とされています。

また、税や社会保障に関する制度は、夫がサラリーマンとして稼ぎ、妻は専業主婦としてふたりの子どもを育てる「標準世帯」を基準に設計されています。さらに、自由民主党が提唱する憲法改正草案では、現行憲法の第24条1項（婚姻に関する規定）を2項に移し、家族の尊重と相互扶助義務に関する規定を新たに設けることが明記されています。これは、一度廃止された家制度を復活させ、家父長制を強化するような動きです。

しかし、日本のように夫婦別姓を認めず、戸籍を重用している国はもはや、世界の中でもほぼありません。また、同性同士の結婚が認められていないのは、主要7か国（G7）の中でも日本だけです。**また、夫が働き、妻が専業主婦で子どもがふたりという「標準世帯」の総世帯数に占める割合は5％にも届いていません。**つまりすでに、大抵の人が「普通」といえる状況ではなくなっています。

家父長制が重視される社会とはどのようなものでしょうか。

家父長制は年長の男性が家族を支配・管理する形態ですので、男は外で稼ぎ、女は家を守る、という性別役割分業観が強化されます。こうなると、政治や経済など家の外の分野で意思決定権を持つのは男性であり、女性は補助的な立場にとどまる傾向が強まるでしょう。結婚し子どもを生むことが尊ばれ、子供のいないカップルは「生産性がない」などと揶揄されるのはこのためです。

私たちは、結婚や子どもの有無で評価されるものではないはずです。

しかし、家父長制的な価値観が強い社会では、まず家が優先されます。それは、社会がそうしたほうが管理しやすいためです。

家制度を守るべく、個人のあるべき姿や行動規範が暗黙のうちに形づくられ、「世間教」の礎《いしずえ》となって私たちを支配するようになります。

COLUMN

いい人ほど、自ら「自分に不利な考え」に従ってしまう

さて、ここでみなさんに質問してみたいと思います。次の３つの問いについて答えてみてください。

①子どもが３歳になるまではお母さんがついていたほうがいい。
はい／いいえ

②「女の敵は女」なので、女性同士が集まるときは注意が必要。
はい／いいえ

③男性と女性は脳の構造が違うので役割分担をしたほうがいい。
はい／いいえ

いかがでしたか。「はい」と「いいえ」のいずれが多かったでしょうか。

ここで掲げた３つの質問は、いずれも家父長制を支える概念です。セミナーなどで同じ質問をすると、回答はかなり分かれます。「はい」と回答する方も一定数いるものの、いずれも科学的に証明されていません。

ひとつめの質問は「３歳児神話」と呼ばれる概念についてです。

１９５０年に世界保健機関（ＷＨＯ）の委嘱により実施された戦争孤児の調査を経て、イギリスのジョン・ボウルビィがまとめた研究が愛着理論として曲解されて伝わったものです。

愛着理論では、３歳までにひとり以上の大人と愛着関係を結ぶことが大切であるとしていますが、その愛着は母親である必要はなく、もちろん父親でも大丈夫です。血縁者ですらなくてもよいのです。

ふたつめの質問にある「女の敵は女」という言い回しもよく聞く言葉です。

男性よりも女性のほうが敵対しやすいという事実はありません。女性同士を分断させるための言葉で、注意が必要です。男性同士でつながるオールド・ボーイズクラブがあるように、**女性同士にもシスターフッドはかけがえのないものです。**

最後の質問については、男女よりも個人差のほうが大きいことが分かっています。そもそも、性別は男女のみで二分できるものではありません。性別にもとづいて得意、不得意を決めつけたりするのではなく、個人の特性をいかすことが大切です。

社会に飼いならされていないか

私たちは誰もがアンコンシャス・バイアスからは逃れられません。世間教も男女の役割分業も、家制度や家父長制と深く結びつき個人に大きな影響を与えています。

ここまで、世の中のしくみや流れ、人々の考え方や行動様式について知っておいたほうがよいと思われることを書いてきました。これらの理解に時間を割いているのは、「世間教」という、いわば人々を飼いならす透明な檻の存在に気づく必要があるためです。**檻の存在によって私たちの選択肢は狭まっています。この檻があることによって、女性たちが手に入れるお金は少なくなりがちです。**

一所懸命に生きていたとしても、自分の中にある無意識の思い込みがストップをかけます。他人軸でがんばって生きているうちに自分が本当に望んでいることが分からなくなったり、望みが分かっても自分には無理と思い込んでしまうことがあります。不安やストレスで視野が狭まることもあります。

「世間教」の存在が分かれば対応策も考えやすくなります。理想の人生に近づくための戦略が立てられ、お金をはじめとするリソースもより効果的に扱えるようになります。お金まわりが整い、自分の生き方にあった稼ぎ方や増やし方を知り実践することができるようになるのです。

「世間教」の日常への浸透度合いや家父長制からの影響などについて知ると、違和感や、生きづらさの理由が少し見えてきます。

いちばんいけないのは、何かがうまくいかないとき、自分の努力が足りなかったとか、スキルや経験が不十分だったとか、自分を責めすぎてしまうことです。

もちろん、自分の努力が必要な場合もあります。

しかし、実は個人の問題ではなく、社会の構造の問題でうまくいかない場合もたくさんあるのです。自分を責めると、そこで問題の解決がストップしてしまいます。

必要以上にご自身を責めることのないよう、個人の問題なのか、社会の構造問題なのか、確認しましょう。

お金は自分らしい人生のための大切な武器

私たちはさまざまなリソースを持っています。なかでもお金には大きな力があります。

何をするにもお金が必要です。自分のためだけでなく、家族や友人をサポートしたり、寄付の形で誰かを応援することもできます。

お金は私たちの選択肢を広げ、時には武器となり私たちを支えてくれる優れものです。

経済的自立はあらゆる人にとって大切なテーマです。

自分らしい人生を送るために最初にやるべきことは、**「自分らしい人生には、どのくらいお金が必要なのか」を把握することです。**

面倒そうだと思われた人もいるでしょう。しかし、これは大切な基礎なので、一緒に次ページのビジョンシートを使ってみていきましょう。書き出し、整理していくと、すっきりしてやみつきになる人もいます。

まずは、みなさんのビジョンとライフパーパスについて考えてみましょう。ここでいうビジョンとは、自分がどこに向かうのか、目的としての未来の姿を指します。また、ライフパーパスとは、自分がなぜ存在するのかという理由のことです。

まずはシートにある9つの欄にそれぞれ記入してみてください。このとき、細部にとらわれ過ぎないように注意しましょう。**別の自分になったつもりで少し離れたところからご自身と向き合えると、全体が俯瞰しやすくなります**（これをメタ認知と呼びます）。

9つの欄が記入できたら、ご自身のビジョンとライフパーパスを考えましょう。標語やキャッチコピーのように、シンプルかつ明瞭で記憶に残りやすいものがよいでしょう。

私の強みと課題 人からよく言われること等	私の大切な価値観·行動規範 情熱·願望·ゆずれないもの等	私の支援者·協力者 支援してくれそうな人
投じるもの 時間、お金、人脈などのリソース	主な活動 どんな仕事や活動をしたいか	得られるもの お金、保障、充足感等
伝え方 どう伝えたらより伝わるか	だれにどう役立つか 自分自身、周辺、社会等	フィードバック 正直な感想をどう集めるか

私のビジョンやライフパーパス

ビジョンシートをつくってみよう

あなたの理想の人生には、いくら必要か

ご自身のビジョンとライフパーパスが決まったら、次はいよいよ必要なお金を把握する、ライフイベントシートに取り組んでみましょう。

まずは、これからの人生で具体的にやってみたいこと、必要な支出を書き出します。次に、現在お持ちの資産から支出を引いて（お金の場合は控除すると言います）およその不足額を出します。

ここで出てくる結果が、みなさんが働いて稼いだり運用して増やしたり、あるいは保険を購入して用意するべき金額です。

こうやって、自分の希望する人生を送るために、どの程度のお金が必要かを把握していきます。

これからの人生で具体的にやってみたいことや、必要な支出を書く

	家族構成	2024	2025	2026	2027	2028
ご自身						
家族 1						
家族 2						
家族 3						
家族 4						
家族 5						
イベント						
項目						
予想金額						
備考						

	2029	2030	2031	2032		2100
ご自身						
家族 1						
家族 2						
家族 3						
家族 4						
家族 5						
イベント						
項目						
予想金額						
備考						

「ライフイベントシート」を記入する

老後にいくらかかるかは、これまでの自分のお金の使い方からしか分からない

ライフイベントシートで、自分に必要な額が分かったでしょうか？

ここで、ライフイベントでどう書けばいいのか悩む、老後の資金についてご説明しておきます。

２０１９年に「老後２０００万円問題」が話題になったことを覚えていますか。このニュースにより、退職までに２０００万円を用意しておかないと、老後が立ち行かなくなるという印象を持った方も多いかと思います。

この２０００万円がどうやって計算されたかというと、当時の金融庁金融審議会「市場ワーキング・グループ」の報告書がもとになっています。引退して無職となった高齢者世帯（夫婦ふたり）の平均的な収入（月次平均）は、20万９１９８円でした。支出は26万３７１８円でしたので、毎月、５万４５２０円が不足するため、老後を30年と仮定すると約２０００万円が不足するという計算です。

ただし、これは目安にすぎません。そもそも、何歳まで働くかや年金などの収入額も人それぞれです。家族の人数や住んでいる地域、趣味にかかるお金や交友関係などによって、支出額にもかなりの差が生じます。

面倒かもしれませんが、自分の望む人生を豊かに生きるために、必要な金額を自分で把握し、準備しておきましょう。自分の人生に責任をとれるのは自分だけです。

老後にいくらかかるかは、これまでの自分のお金の使い方の延長線上にあります。ですので、「では、私は毎月いくらくらい使っているんだろう」と思った人もいるかもしれません。後ほど、毎月どのくらい使ったのかを、どう把握すればいいのかの方法もお伝えします。一緒に算出していきましょう。

このビジョンシートやライフイベントシートは、一度決めたからといって変えられないわけではもちろんありません。自分のそのときどきの「心地いい」人生に合わせて、じっくり丁寧に向き合ってみてください。

お金は自分で稼ぐもの

「お金を増やす」ためにやるべきことといえば、まず何を最初に思い浮かべますか？
節約をしますか？
給料の高い仕事に転職しますか？
それとも不労所得を増やしていきたいですか？

「宝くじに当たりたい」「高収入のパートナーを見つけたい」など、働かずに暮らしたいという希望も聞くことがありますね。「株やマンション投資もいいかも……」と思う方もいるかもしれません。
ここではふたつ、考慮する必要があります。

①希望が叶う可能性はどのぐらいあるのか
②叶ったとして、その状態が死ぬまで続く保証はどのぐらいあるのか

という点です。

参考までに、宝くじ公式サイトによると、年末ジャンボ宝くじで一等が当たる確率は、2000万分の1だそうです。

宝くじは冗談半分だとしても、高収入のパートナーと出会う確率はそれより高いかもしれません。しかし、どちらも運や縁が必要で、努力だけではどうにもなりません。また、厚生労働省のデータによると、日本ではおおよそ3組に1組が離婚しています。夫婦が一生仲睦まじく暮らせる保証はどこにもありません。

株式投資やマンション投資などの不労所得についても、十分な知識がないままだと、大きな損失をこうむるリスクがあります。

こう考えると、ひとつ方向が見えてきますね。それは、「自分」が確実にできること、自分が主体となってお金を稼ぐということが、まずはいちばんよさそうだということです。

あなたは週に何時間働きたいか

冒頭で、私は自分自身への投資が最高の投資だと言いました。

自分の未来のために学び、スキルを磨き、稼ぐ力を高めていくのが、最も確実に「お金を増やせる」方法です。

あなたはすでに、ライフイベントシートを作成し、現在の保有資産と照らし合わせた結果、今後必要となりそうなおおよその金額がイメージできているはずです（ざっくりでOKです！）。

ここで、「働く」ことについて少し考えてみましょう。

あなたはどの程度の時間働きたいのか、立ち止まって考えてみてください。

１週間の中で何日、１日何時間がよさそうですか。あるいは、何歳まで働き続けたいですか。

そうやって、自分が働きたい時間の総数を出してみましょう。

それができたら、あなたの必要額をその総数で割ってみます。**みなさんの単価（1時間当たりの収入）が出てくるはずです。**

あるいは、希望する月収や年収から逆算して、必要額を稼ぐために何年働かなくてはいけないか想像してみるのもよいでしょう。頭の体操としていろいろな角度から想像し、自分の稼ぐ力をどこまで上げたいかイメージしてみましょう（なお、ここでは計算を単純にするため、税金や社会保険料などを無視して考えていることをつけ加えておきます）。

稼ぐ力を高めるためには、目の前にある選択肢はひとまず横に置いておき、未来から逆算します。そのために、まずは自分の希望を把握しましょう。

知識をつけ、スキルを磨き続ければ、選べる範囲が広がります。今得意なことばかりである必要はありません。できることと、やりたいことは必ずしも一致しません。**どうせ考えるなら、もともと好きなことやつい夢中になってしまうことをマネタイズ（収益化）する方法を考えてみましょう。**自分のありたい姿に近づけるよう、しっかりご自身に投資していただきたいのです。

COLUMN

誰かに都合のいい「女性らしさ」で自己犠牲をさせられてないか

中国ではかつて、小さい足の女性が美しいと考えられた時代がありました。纏《てん》足《そく》という風習です。女の子は小さいときに布で足をきつく縛って、それ以上の成長を抑えました。ずっと続く激痛に耐えて、ハイヒールのように甲高な形の足を形成しました。

なぜ纏足がいいとされたかというと、動きが弱々しくなり、か弱く見え、また外に出られないため貞節が守られやすいとの考えがあったそうです。10センチ程度の足では走ることもままならず、災害時には男性よりも死亡率が高かったことも知られています。

「女性らしさ」という言葉に、疑問を持ったことはありませんか？

あなたの美しさは、あなたらしいものであるべきです。

日本での「女性らしい」には、可愛らしく控えめで、献身的で、いつも笑顔で話を聞いたり、相手を癒したりするというニュアンスも含まれます。そんな人、都合がよすぎると思いませんか。

もちろん、自分のリソースを大切な人のために使うことで幸せを感じることはあります。

しかし、「女性らしさ」を求められるあまりに、女性だからということでケアの役割を求められ、搾取されてしまうことだけは避けなければいけません。

本当に自分の選択として、自分よりも周囲を優先しているのでしょうか。

自己犠牲はときどき、感謝や評価という甘い果実をもたらします。たまに立ちどまって、ご自身の選択について考えてみてもいいかもしれません。

COLUMN

リソースがないように見えても、学べば問題ない

東洋医学では、両親から生まれつきもらった生命の素を「先天の精」と呼びます。「先天の精」は時間とともに少なくなり、いずれなくなります。

一方、私たちは自分で、飲食などを通じてエネルギーをとることで、生命を長くすることができると言われています。自分で蓄えるエネルギーは「後天の精」と呼ばれます。

「先天の精」が小さくとも、「後天の精」をしっかり補えれば、充実した人生を送れるわけです。逆に「先天の精」に恵まれ、それが大きいからといって「後天の精」を補わなければ短命に終わる可能性があります。

時間やお金、エネルギーなどのリソースについても、同じことが言えます。

出生時に手にするリソースの量や質は人それぞれ違います。

しかし、それにかかわらず、その後の人生で自分の力でしっかり学び、補充できれば、より豊かな人生を長く楽しめるはずです。

後悔を伴うリソースの使い方を少しずつ手放していき、楽しいことや嬉しいこと、夢中になれるようなことをしながらエネルギー量を上げていきましょう。

お金と同じくらい、あなたの時間やエネルギーにも価値がある

お金と同じくらい、あなたのかけられる時間やエネルギーにも価値があります。この3つは同等であると思ってください。

ただ、お金と違って目に見えにくいため、自分の時間やエネルギーの価値をあまり考えずに使い過ぎてしまうことがあります。

とくに、女性は知らず知らずのうちに「自分よりも誰かのために、自分のリソースを使う」ことを推奨されて育っています。しかし、まずは自分のためのケアです。**あなたの力はあなたに使う権利が、当然あります。**それを横に置いたまま、まわりのために頑張りすぎると、自分が力尽きてしまうリスクがあります。

飛行機に搭乗した際に、酸素マスクの使い方についてのアナウンスが流れます。お子様をお連れの場合、大人が先にマスクを装着してから、お子様にも装着をお願いします、といった内容のものです。こういう場合も、子どもを優先してしまいがちなのは分かります。しかし、先に親が力尽きてしまったら、子どもが助かる可能性も低くなります。

私たちは自分自身をケアしながら、しっかり自分の心身を健全に維持することが必要です。

自分のこともまわりの人も、そして、社会全体も大切にできるように、まずは自分自身や自分の持つリソースを整えましょう。余裕ができた上で、次に何ができるか、自分がしたいかを考えていきましょう。

お金に関してやってはいけないこと

ここで、お金とつきあうための重要事項を並べてみたいと思います。とても大切なことです。

①自分で調べて自分で考え、自分の頭で判断することが大切です。

②面倒とか難しいとか忙しいなどの理由をつけて、最初から誰かに丸なげしてはいけません。ラップ口座やＡＩ投資など、おまかせスタイルの運用方法も、簡単に楽にできる分、自分で判断していないことになります。なかには、おまかせゆえ高めの手数料を掲げる商品もありますので、注意が必要です。

③周囲のすすめる情報や商品をうのみにしてはいけません。

④ましてや、商品を売ってもうけている人に商品の相談をしてはいけません。銀行、証券会社、保険会社、ファイナンシャルプランナーなどは、みなさんに販売することで手数料を得ています。売上のために、あなたに必要のない商品をすすめて

くる場合があります。

⑤銀行で投資信託や外貨建ての生命保険などをすすめられても、安易に飛びつかないようにしてください。手数料の高い商品をすすめられることが多いからです。

私は銀行で買っていい投資商品は個人向け国債ぐらいだと考えています。

⑥無料セミナーで、流れで商品を買ってはいけません。

無料のセミナーに行ったら、投資商品や保険をすすめられたという話もよく聞きます。

私も後学のために通販サイトが主催する無料セミナーを覗きに行ったことがあります。ファイナンシャルプランナーの方から基本的なお金の管理方法について説明を受けた後、保険商品の個別相談会に誘導され、勧誘されるという流れでした。

開催に際してきれいな会場を借りたり、ケーキやコーヒーを用意したり、ファイナンシャルプランナーに依頼したりするには、それなりの費用がかかっています。

こうした場合、金融商品の販売者が費用を負担することが一般的です。一方、参加者はお金を払わずケーキやセミナーを楽しめますが、その対価として個別相談会での時間やエネルギーを使うことになります。

無料の商品やサービスは、なぜ無料なのかよく考えてから判断しましょう。もしかしたら、お金を払って自分に本当に必要な情報を得たほうが、後で得られる効果が大きい場合もあります。今だけでなく、将来を見据えた判断をするようにしていきましょう。

いろいろ読みながら、だったら誰に相談すればいいの？　と困った方もいるかもしれません。**お金について相談したいときは、顧客の立場に立ってアドバイスできる人に相談するよう意識しましょう。**信頼できる人を見つけられない場合は、セカンド・オピニオンとして、誰か別の人にも確認し、比較することをおすすめします。

自分と未来は変えられる

私たちはよく、家族や友人、職場の上司や部下などに対して、
「こうしてほしい」
「これはやめてほしい」
などと期待しがちです。特に距離が近い人に対しては、こうした思いが強くなります。

しかし、残念なことに、他人と過去を変えることはほぼ不可能です。

誰かを無理に一時的に従わせることはできても、思い通りの変化を根本的に起こすことはできません。**そのために費やす時間やエネルギーはむだづかいになりがちです。**不可能と思っていたほうが、精神衛生上よいでしょう。

一方、自分の人生は変えられます。

もし、自分の人生を変えたいなら、手始めに、これまで慣れてきた場所や親しい人と過ごしたのとは違う場所に行ってみてください。

行く場所を変え、いつもと違う人とつきあうだけで、入ってくる情報も見える世界も出会える人も変わってくるはずです。

誰かが何かしてくれることはありません。あなたの人生は、あなただけのものです。

周囲の目を気にしたり、誰かが何かをしてくれるのを待つのは時間のむだです。

自分の「好き」をとことん追求していきましょう。

信頼し合える仲間を見つけてください。同じ属性の人同士でかたまらず、ひとりの人やひとつのことに依存しすぎないよう注意しましょう。依存はあなたの視野を狭め、「選べる力」を奪いかねません。

さまざまな人との出会いや違いを楽しんでください。自分の望む人生を自分でデザインし、後悔のない人生を送ってください。自分の人生のハンドルを自分で握って生きていくことが何よりも大切です。

「じぶん株式会社」の社長になって経営してみよう

世の中には、たくさんの会社があります。

それぞれが日々の取引を実行し、記録や管理をしています。お金まわりについては財務諸表と呼ばれる計算書類を作成し、会社の財政や経営状態を関係者に伝えています。**経営者は会社が存在する理由や目指す方向性などを定め、実現に向けた戦略がきちんと遂行されるよう管理していく立場にあります。**

私たちも「じぶん株式会社」の社長になったつもりで、「自分らしい生き方」をもとに自分の人生を豊かなものにする方法を考えていきましょう。

自分のミッションやパーパスは何か、どのような戦略やスピード感で誰と一緒に進んでいきたいかを確認しましょう。

事業内容、つまり何をするか決める際には、何かひとつに特化する必要はありません。場合によっては、複数の事業を手がけることも可能です。

企業がさまざまな事業を手がけることを多角化経営と呼びますが、そのような形で「じぶん株式会社」を経営していくイメージです。**投資する際にもリスク分散を心がけるように、「じぶん株式会社」の経営においても、複数の事業があったほうが収入が安定しやすいというメリットもあります。**こうした複数事業での展開のことを「ポートフォリオ経営」と言います。私は特に個人で開業を検討している方におすすめしています。

必要な資金繰りを確認し、財務状況についても把握しておく必要があります。そのために、個人としての財務諸表を作成し、定期的にアップデートしていくことが大切になります。自分で考え、確認し、判断していくことで、自分の人生をデザインしていくことができるようになります。

それでは、第1章の「心構え」はここで終わりです。次の第2章では、お金の貯め方について、学んでいきましょう！

chapter 2

心地よく
貯める

キリギリスもアリも危険な生き方

この章では、「貯める」ことについてお伝えしたいと思います。貯めるというと節約を一番に思い浮かべるかもしれません。しかし、貯めることは、「お金を使う」ことと表裏一体です。どちらにも、「自分らしさ」が大きくかかわってきます。

チャンスは意外とめぐってきます。ただ「これがチャンスです」と分かりやすいものはありません。チャンスを手にするためには、それにまず気づくことが必要です。**人生の決定権を放棄せず、意識しながら一つひとつの選択を重ねることが大切です。**

さまざまな情報を収集し、しっかり吟味して、自分の願う生き方に合った選択を重ねていけば、長い人生を送る上で、大きな違いが生まれてきます。

「アリとキリギリス」という童話はご存じの方も多いと思います。この話は、無計画で享楽的なキリギリスではなく、コツコツたくわえたアリの行動が賞賛される物語です。子どもの頃、アリの節約や勤勉さのすばらしさをよく聞かされた人も多いでしょう。

しかし、私がお伝えしたいのは、堅実かどうかというよりも、自分自身のことが把握できない状態（キリギリス型）も、決められた中で動いている状態（アリ型）も、自分の人生のハンドルを自分で握って生きているとは言えないということです。

もう少し具体的に言うなら、自分自身のお金の出入り（フロー）や、これまで蓄積した資産の全容（ストック）を把握せずに過ごしている方はキリギリス型の人生です。一生楽しく過ごせるかもしれないし、よく分からないままもうけ話に乗って大損を出してしまうこともあるかもしれません。**一方、アリ型の方は自分の人生をデザインする機会を誰かにゆだねてしまっている状態です。**場合によっては善意につけこまれ、都合よく搾取されてしまうリスクがあります。

大体の人が、どちらかに分類されるはずです。ですので、「把握できているキリギリス」あるいは「枠から飛び出たアリ」のように少し逸脱して生きることがおすすめです。あなたはどちらのタイプでしょうか？

社長は現状の把握と情報の分析をする

あなたはどんな風に生きてみたいですか。
今の会社で働きながら、副業や趣味を楽しみたいですか。
世界中を飛び回り、好きな仕事で大成功したいですか。
働かずに、ゆったり暮らしたいですか。
あるいは、学び直しや社会貢献をしたいですか。

いずれにしても、あなたの望む生き方に近づくためにはある程度のお金が必要です。
まずやるべきは、自分の収支や貯蓄の状況を確認すること。そして、ありたい未来の必要額を予測し、どう確保するかを考えることです。そのためには、

①現状の把握
②情報収集

が欠かせません。

③今後の戦略策定

「じぶん株式会社」の考え方を持つことが大切だと前の章で言いましたが、この3つが会社経営の基本です。どの会社でも、**収支や資産の状況など財務の現状を把握する**ために、財務諸表と呼ばれる書類（損益計算書、貸借対照表など）を作成しています。さらに、**事業展開に必要な情報を収集し、競合他社の状況を分析しながら、今後に向けた経営戦略を遂行します。**

現状の把握と収集した情報の分析は、今後に向けた適切な判断のためには欠かせません。

今は順調だとしても、いつかどこかで無理が生じる可能性もあります。売上や利益が急拡大して喜んでいたら、急に資金繰りが悪化して倒産してしまう場合もあります。コスト削減のために研究開発費や設備投資を過度に減らして、商品の競争力が失われてしまった会社もあります。

私たち個人も、自身の現状が把握できて初めて判断が可能になります。

「お金の問題」はお金がないことではない

「今の収入で将来も暮らしていけるのかな」
「(同期や友人など) まわりと比べて、自分は大丈夫なのかな」

多くの方がお金に関して漠然とした不安を抱えています。

私のところにも相談がたくさん寄せられます。相談者は無職の方から年収数千万円以上まで、さまざまです。何億円もの資産をお持ちの方もいます。

収入や資産の水準と関係なく、お金の不安が生じているのです。

ここでの不安は、「将来いくら必要で、それまでにいくら準備できるか分からないこと」です。不安になって当然ですよね。

つまり、お金の問題はお金がないことではありません。将来が分からないから不安になるのです。お金が足りなくなったときのことを想像して不安になるのです。

これに、自分は金融リテラシーが少ないからと余計に不安になっている可能性もあります。日本の教育では長らく金融リテラシーを身につける機会を提供してこなかったのですから、分からなくて当然です。

私たちは、知っていたら得したかもしれない多くの機会を、教えてもらえないまま逃してきました。

それでも日々の暮らしは続きます。自分なりに一所懸命生きても、分からないままでは将来に向けて適切に備えることはできません。**目の前にあるものをとりあえず手にとる行為は、運任せのギャンブラーのような生きかたになってしまいます。**

人生１００年時代、遅すぎることはありません。残りの人生をより充実したものにするために、今日から学んでいきましょう。

CASH IS KING、CASH IS QUEEN

私は大学卒業後、外資系の銀行に就職しました。そこでは審査室に配属され、銀行がお金を貸している取引先の信用力（融資やその他の取引の決済がきちんとできるかどうか、貸し倒れが生じないかどうか）を調査する、アナリストという仕事に就きました。

あるとき、本店の研修担当者がやってきて、売上や利益も重要だけれど、**本当に大切なことは今後の資金繰りの見極めであると教えてくれました。**

資金繰りとはその会社のキャッシュ（現金）の出入りのことです。いつ「現金」が入り、いつ出ていくのか、現金の流れをしっかり把握することが大切です。

当時の日本の銀行は資金繰りの予測よりも、会社の規模や歴史、担保価値などを重視していました。しかしその人は、取引先の信用力を分析するには「資金繰り」、つまり正確な現金の流れを見るべきだという本質的なことを教えてくれたのです。

彼が繰り返し言った言葉を紹介します。

「CASH IS KING、CASH IS QUEEN」

現金は王であり、女王である——。**資金の現状と、そして未来を把握すること。**それが最も重要なのです。

この大切さは私たち個人にもあてはまります。

自分の資金の現状と今後の推移について把握することができたら、自身の信用力が見えてきます。安定的な基盤をつくるために必要な方法や効果的な戦略を考えることが大切です。

まずは、収支（フロー）を把握しましょう。そのためには、家計簿をつけるところから始めることが必要です。

家計簿をつけたことがない人も、苦手意識がある人もいると思います。しかし、そういう人も、家計簿が持つ大きな力を知ってほしいと思います。次の項目で説明します。

家計簿をつけると、大きなリターンがある

家計簿をつけると、まず、自分のお金の使い方のクセを知ることができます。特定の出費が多いことに気づいたり、使途不明金の多さに驚いたり、実はもっと使える余地があることが分かることもあります。その上で、自分が今持つ貯蓄や負債などのストックを確認できれば、自分のお金まわりの確認は完了です。

お金の教養講座を主催しているとよく受ける質問があります。

それは「家計簿をつけることにどんな意味があるのか？」というものです。

家計簿は面倒くさい、大変そうだという気持ちが伝わってくる質問です。たしかに、家計簿をつけなくても人生は送れます。

しかし、この質問は、お金について少し学んだことのある人なら、**「はみがきをすることにどんな意味があるの？」と聞かれたのと同じぐらいの衝撃があるでしょう。**はみがきをしなくても人生は送れます。しかし、虫歯になるし、それ以上の病気を引

き寄せるかもしれません。

家計簿をつけたことがない、あるいは昔つけたけど挫折したことがある人もいるでしょう。大丈夫です、何ごとも習慣化できると、はみがきと同じくらい普通になります。逆にいうと、挫折してしまった理由は習慣化できなかったことにあります。

次の項目で、私が生徒さんにお伝えした方法をいくつかお知らせします。

習慣にするためには、しくみ化が大切です。簡単に、自動的にやってしまうようなしくみです。いくつかはお伝えしますが、このしくみ（あるいはやる気スイッチとも言えるかもしれません）は個人によって違うため、最初はいろいろ試してみる必要があります。**ただ、ひとつ覚えてほしいのは、「家計簿で自分の収入と支出を知ることからしか、お金のことは始まらない」ということです。**

趣味など自分が続けられていることを思い浮かべながら、その共通項を探してもいいかもしれません。続けられた先にある姿を思い浮かべたり、頑張ることを周囲に宣言したり、仲間を見つけて一緒に取り組んでみてもいいかもしれません。私の講座ではライングループをつくって、進捗を報告し合ったり、情報交換をしたりしています。

お金まわりの整え方～家計簿編～

それではいよいよ家計簿に取り組んでみましょう。**「浪費」を見つけ出したり、お金の使い方にメリハリをつけたりするためには絶対に避けて通れない関門です！**

大切なのは、継続して家計簿をつけ続けること、記録した内容を分析して今後に生かすこと、のふたつです。継続するのが難しいと感じても、少なくとも1年はがんばってみてください。**1年間続ければ季節ごとの特別な収入や支出が把握できます。**ご自身の稼ぎ方や使い方のクセについて全体像が見えてくるはずです。その後は大まかな管理方法に変更してもOKです。

手書きが好きな方は市販の紙の家計簿がいいでしょう。

婦人之友社や主婦と生活社、コクヨなどの文房具メーカーなどからさまざまな家計簿が出ています。選ぶ基準は特にありません。本屋や文房具屋で、手に取るだけで気持ちがあがるようなデザインのものを選ぶのもいいかと思います。

データで残したい方は、シンプルにエクセルなどで管理するのもよいでしょう。

もっと簡単にしたい方はアプリやクラウド上での家計簿サービスの利用がおすすめです。レシートを写真に撮ったり、銀行口座やクレジットカードなどを事前に登録しておけば自動で記録してくれるものもあります。

アプリのおすすめは、会員登録せずに簡単に操作・管理できる「かけ～ぼ」、レシートからの読み取り項目が多く支出の分析に役立てやすい「Ｚａｉｍ」、レシートの細かい読み取りだけでなく、事前登録できる金融機関やカード会社数が多い「マネーフォワードＭＥ」などです。

無料で使える機能に制限がある場合もありますので、事前に確認してみてください（個人情報の流出リスクなどが気になる方は、事前に口座情報などを登録するか、よく検討してから判断してください）。

手書きかエクセルかアプリかは関係ありません。
好きなノートを使いたい方は手書きで、移動などの隙間時間を活用したい方はスマートフォンのアプリが便利です。

家で記録する方は、最初は夕食の後や寝る前など、あらかじめ家計簿タイムを決めておくとよいでしょう。

忙しくて毎日記録できない方は手帳やスマートフォンのメモ機能を活用し、平日は金額と内容をメモして、週末にレシートを確認したりしながら、まとめて家計簿に転記する方法がおすすめです。財布の残金を確認しながら、転記したレシートを捨てるとスッキリしますよ！
大切なのは、自分が記録と分析を続けやすい方法を見つけることです。

最初に「整えて」おくと、お金の気持ちよさがずっと続く

「整える」ことはとても大切な行為です。整理整頓や断捨離®をして、自分のスペースを心地よく整えること。運動や食事によってカラダを整えること。好きな時間を過ごしながら心を整えること。どれもとても大切なことばかりです。

お金まわりを整えていく途中に、「なぜか部屋が片付いた」という言葉や、「健康になった」という声もよく聞きます。自分のお金の流れについてきちんと知り、判断していくことで、お金も生き方も整っていきます。

むだを削ぎ取り、メリハリをつけながら、自分が心地よいと感じられる状態まで近づけていきましょう。**整うと、お金に振り回されることが減り、不安が消えていきます。**自分で把握・管理できたという感覚が自信にもなります。

まずはお金の小さなところから「整える」を試してみよう

「整える」を達成するコツは小さな成功を積み重ねること。目標が大きすぎると挫折やリバウンドしやすくなります。

まずは小さなところから「整える」ことを試してみましょう。短時間で達成できて、その成果に気持ち良さを感じられるところから取り組みます。大事なのは、大きな目標を掲げることではなく、最後に目標に到達すること。そのためには、小さな気持ちよさを何度も感じながら、「整える」行為を続けていくことが欠かせません。

それでは、最初のお試しとしてお財布を整えましょう。

ご自身の財布を開くことなく回答してください。

①お金はいくら入っていますか？
②クレジットカードは何枚入っていますか？
③ポイントカードの枚数とお店の名前は言えますか？
④期限切れの割引券やクーポン券は入っていますか？

いかがでしたか？

この回答に曖昧なところのある方は、ぜひ次のページで紹介する「どう整えるのか」を楽しみにしてください。使わないものがたくさん入っていたり、小銭やレシートでお財布がパンパンになっている方は、特にスッキリするでしょう。口が閉まらないほどの財布は「ぶた財布」と呼ばれます。最も整えがいのある状態です。きっと、「整える」ことの気持ちよさを実感してもらえると思います！

正確でなくても、お財布の中身が大体分かっていて、全体にスッキリしていれば大丈夫です。**完璧を求めると逆にストレスになります。**「大体いい感じ」くらいをキープするよう意識していきましょう。

お金まわりの整え方～お財布編～

それでは、本格的にお財布を整えていきましょう。

まずは、お財布からすべての中身を取り出してください。そして、次の3つに分類します。

①よく使うもの
②あまり使わないもの
③まったく使わないもの

次に、
①をお財布に戻します。使いやすさを考えながら戻していきましょう。
②は別の場所に保管して、必要なときに取り出せるようにしておきましょう。

③は思い切って処分してください。処分が難しい場合は②と一緒に保管してください。一定期間の後、使っていなければやはり処分しましょう。

目安として、**クレジットカードは2枚程度（使えなくなった場合に備えて）、ポイントカードは3枚程度（アプリがある場合はアプリを選択）にしぼり、**割引券やクーポンなどは持たないという選択もありかもしれません。まずは試してみてください。

お財布が整ったら「整える」ことの効果を感じてみてください。

スッキリしたり、心地よかったりする感覚はありましたか？

気持ちよさを感じたらじっくり味わってみてください。ぜひその感覚を覚えておいてください。今後、お金まわりを整える度にこの感覚とつながることができれば、「整える」ことが継続しやすくなるはずです。

電子マネーを活用し、お財布を持たない方もいると思います。電子マネーやクーポンアプリを活用している方は読み替えて、ご自身の現状を思い浮かべてみてください。

電子マネーの口座数が多すぎたり、把握が難しい場合は整理しましょう。

学んでから投資しましょう

序章で書いた通り、２０２２年４月から高校の授業で「金融教育」が義務化されました。しかし、すでに大人になってしまった私たちには金融教育を受ける機会はほとんどありません。

それはこれまで、日本の社会や企業や家庭の枠組み、規範に従っていれば、生活に困らない時代が長く続いていたからです。**しかし、誰かの敷いたレールの上を歩いているだけでは自分らしい人生は送れません。**思っていたのと違う人生になっても、誰も責任を取ってはくれません。

それでは、私たちはどうしたらいいのでしょうか。

すでに学校を卒業してしまった私たちは、自分で学ぶしかありません。

政府からは「貯蓄から投資へ」「金融リテラシー（金融知識）が大切」といった言葉が聞こえてきます。金融リテラシーがないまま、あるいは中途半端な知識だけで投資をするのはとても危険です。実際、私が相談を受けた方のなかにはよく分からないまま投資を始めて大きな損を出した方が結構います。また、政界や経済界、芸能界などでも、著名な方が投資で失敗したというニュースを聞くこともありますよね。

何度も言いますが、約束していただきたいのは「自分がよく分からないものには何があっても投資しないこと」です。

思わぬリスクを抱え込み、後悔することになりかねません。**まずは学んでからスタートしましょう。**お金についての情報を入ってきやすくし、それを気軽に話せる仲間を見つけましょう。同時に、自分のお金まわりを整え、自分のリスク許容度（どの程度のリスクまで取れるか）を把握しましょう。投資を始めるのはその後からで大丈夫です。

人生１００年時代です。**学んでからでも決して遅くはありません。**

視点を変えてみよう

私たちはみな、毎回じっくり何かを考えて判断しているわけではありません。すべての選択肢を吟味していると、時間もエネルギーもかかり過ぎるためです。それぞれの人が、自分の考え方にそれぞれメリハリをつけています。

ノーベル経済学賞を受賞した認知心理学者のダニエル・カーネマン博士は意思決定には、ふたつのシステムがあると提唱しました。

直感的かつ自動的に物事を判断するシステム1（ファスト）と複雑で熟考が必要なシステム2（スロー）です。

すばやい判断が必要な場合、より直感的なシステム1が働きます。

たとえば私たちは、いつも自宅に帰ることに使っている道は、あまり考えることなしにいつも通り右や左に曲がりますね。

これをいちいち「本当に右に行くべきだろうか、今日は左がいいのではないか」などと考えることは、脳にとって負担になります。

システム1で判断できることは、少ない労力で早く決められていいのですが、無意識の思い込み（アンコンシャス・バイアス）などの認知の歪みも生じます。そうなると、見落としが生じたり、正しい判断をしていないなどのリスクがあります。

一方、より複雑に考えなければいけないときは、システム2が働きます。行ったことのない場所に行くときがそうです。目的地のことを考え、マップを使い、あと何分でつくのかなどを考えると思います。

システム2を使うときの私たちの脳は、全体像をながめたり、一部に焦点を当てたり、別の角度から確認したり、比較検討していきます。また、過去から現在、未来といった時間軸で考えることもしています。

お金まわりについては日常的なことなので、私たちはシステム1で考えています。

何となくやっていることが多いのです。

一所懸命節約しているのに貯まらないと思う人は、システム1からシステム2へ切り替えてみましょう。**具体的には、お金を使うときに「なんで私はこのお金を使うんだろう」と考えてみることです。**

もしかしたら、もったいないという無意識の思いが、貯まりにくさを生んでいたかもしれません。**高価な買い物を我慢するよりも、使途不明金を減らすほうが効果的な場合もあります。**稼ぎ方を変えることで貯まりやすくなるかもしれません。これまでのやり方を一度考え直して、空いたスペースに新しい風を吹かせてみましょう。

その際にひとつ気をつけたいことがあります。すでに紹介したサンクコストについてです。

ダメだと分かっていても、過去への執着などからやめられないことがあります。私たちの人生でもこれまでやってきたことがサンクコストとして影響し、新たな一歩を踏み出せない場合もあります。

節約をがんばるより、何に使うかを見直したほうが貯まる

世の中にはたくさんの物やサービスがあふれています。これらを買ったり使ったりするときに、納得感のある選択が毎回できていたらどんなにスッキリするでしょうか。また、納得感のある選択は未来の自分への投資につながります。

一目見て、とても気に入ったけれど、値段が高いものに出合ったとき、あなたならどうしますか？

（a）贅沢だし、浪費はよくないから、我慢する
（b）一期一会だから、今買わなかったら後悔すると思い、購入する

ここで大切なのは、自分にとって何が本当に大切なのかを知ることです。購入する

ために使ったお金や時間、エネルギーを大きく上回る効果が得られるのであれば、私は購入するべきだと思います。

より豊かに生きるためには、頑張る節約よりも、メリハリのある使い方が重要になります。満足度の高い使い方を見極める目が大切です。

そして、購入したものはしまい込まずに活用していきましょう。使わなければ満足感は増えません。大切に使い続ければ愛着も湧いてきます。何度も使えば一回当たりの単価（購入価格÷使用回数）も下がっていくので、案外安い買い物だったと思えるかもしれません。

節約を頑張りすぎるとストレスが溜まります。心が渇いて余裕のない状態になってしまうかもしれません。

また、節約の仕方にも工夫が必要です。頑張っているのになかなか結果が出ないと感じている場合、節約の仕方を見直してみましょう。よい節約とはどんなやり方を指すのかについて、次の項で浪費の観点から説明していきます。一緒に確認していきましょう。

浪費とは後悔のある買い物のこと

「節約」と聞くと、むだをなくそう、浪費を減らそうと考えると思います。もちろんむだな出費は抑えたいところです。しかしここで大切なのは、**そもそも「むだ」や「浪費」とは何を指すのか？　ということです。**

●高価なもの
●贅沢とされているもの
●特殊な趣味に関するもの
●なくても日常生活には困らないもの

これらは「浪費」とされがちな例です。みなさんも「浪費」だと感じますか？　こういったものにお金を使うとお金が貯まらなくなると感じますか？

「浪費」について、私はちょっと違ったとらえ方をしています。私にとって「浪費」とは、次のふたつを意味します。

①後悔をともなう出費

②使ったことに気づいていない出費（使途不明金）

大切なのは、その出費が自分に何をもたらしてくれるか、ということです。

どんなに安く買っても、後悔したり、買ったことすら忘れてしまうなら、それは「浪費」でしかありません。

大切なお金を投じるなら、そこからできるだけ多くのリターンを得ることを意識しましょう。気持ちがアガるものであったり、自分の能力が高まるものであったり、その買い物にどれだけの効果や満足感を感じるかは、あなた次第です。

高価で特殊な趣味に関する出費でも、この定義では「浪費」に該当しません。あなたが満足し、そこから何かを得ていれば、それでいいのです。

まわりの誰かが、あなたのお金の使い方に口をはさむ権利はありません。それはその人の価値判断であって、あなたと異なっているだけなのです。

1銀行1000万円以上預けるときは考えよう

みなさんは、銀行口座をいくつ持っていますか？
なぜ、その銀行に口座を開いたのですか？
それぞれの口座をきちんと管理、活用していますか？

銀行口座を開いた理由を聞くと、その銀行の窓口が近くて便利だから、会社の給与振込先として指定されたからなどさまざまな声が聞こえてきます。口座をたくさん開いていて、いくつあったか答えられない方もいます。

まずひとつ覚えてほしいのは、銀行も破綻《はたん》する時代であることです。銀行が破綻した場合、定期預金や利息の付く普通預金等は、預金者ひとり当たり、1金融機関につき預金の元本1000万円とその利子までしか保護されません（保護の対象となる預金については預金保険機構のホームページで確認してください）。また、外貨預金はそもそも保護の対象外です。**同じ銀行に合計で元本1000万円以上を預けていたら、全額は戻ってこないリスクがあるのです。**実際、２０１０年には日本振興銀行が経営破綻し、全額は返金されなかった預金者が発生しました。自分の預金額を確認してください。

保有する口座数に決まりはありません。**ただ、自分で把握できる範囲の口座数にとどめておくことをおすすめします。**日常的に使う口座をひとつに絞ると管理しやすいです。貯蓄のためのサブ口座など、目的別に使い分けしてもいいかもしれません。

銀行口座を見直す場合には手数料やサービス内容を確認しましょう。店舗をよく利用する方、ビジネスに使いたい方、住宅ローンを借りたい方、外国為替を利用する方、目的によって最適な銀行は変わってきます。

何年も使っていない口座のある方は、特に注意しましょう。２０１８年に施行された休眠預金等活用法は、**10年以上取引出金等のない預金を「休眠預金」としています。**休眠預金は銀行から預金保険機構に移され、公益活動のために活用されます。**休眠預金になってしまっても復活は可能ですが、手続きは面倒です。**

見直しはサブスクからすると、大きく「整理」できやすい

みなさんは何かサブスクに入っていますか?

もしいくつか思い当たるものがあったら、この機会に、サブスクから見直してみましょう。

サブスクとはサブスクリプションの略で、ネットフリックスやアマゾンプライム会員など、月額○円と決まって毎月支払う、定期的サービスの購入契約を指します。

サブスクで気をつけるべきことは、**クレジットカードや銀行引き落としなどで自動課金されることが一般的なため、購入者はお金を使っている感覚が乏しくなりがちだという点です。**

特にスポーツジムの会費やメールマガジンの購読料などの場合、物理的な商品がなくサービスが目に見えにくいため、契約していることすら忘れている場合があります。

また、解約する手続きが面倒なサービスもあり、その手間を惜しんで、課金だけされている方もいます。

こうして定期的に出ていく「固定的支出」は年間の累積で考えると結構な金額にのぼります。

見直すと大きな効果が期待できます。

忘れているものがありそうで不安な方は、いますぐクレジットカードの明細や銀行の預金通帳などを確認し、覚えのない引落としがあったら即座に解約してください。

ちょっとした手間で、自由に使えるお金が湧いてくる可能性がありますよ！

支出を分析する

家計簿をつけたら、次は記録の分析です。

記録を分析することのゴールは、自分の特徴をつかんだ上で、次への取り組みや改善ポイントなどを意識することです。

まずは「浪費」にあたるものがないか探してみましょう。

浪費とは、後悔を伴う買い物や使途不明金であることは、すでに説明した通りです。

これらは、支出全体の5％以内におさまるようにします。

ゼロを目指す必要はありません。がんばりすぎると挫折したり、きっちりしすぎるとリバウンドするリスクが高まります。許容の範囲は5％くらいだと思っておくと気が楽になりませんか？

次に、「消費」と「投資」に分類してみましょう。

「消費」とは、毎日の生活に必要な支出です。これらを「固定費」と「変動費」に分けます。家賃、光熱費、電話代など毎月必ず出ていくのが「固定費」で、食費、被服費、レジャー費用など変動しやすいのが「変動費」です。「固定費」と「変動費」のどちらにしたほうがいいか迷った場合は、自分が分かりやすい方に分類してOKです。

「投資」とは未来に向けた支出です。保険料や金融資産への投資のほか、預貯金も「投資」に含めて管理しましょう。詳しくは第4章で説明しますが、自分の価値を高めるための支出も「投資」に含めましょう。**この割合を増やすことで自分の理想とする生き方を実現できる可能性がより広がってくるはずです。**

「消費」「浪費」「投資」の割合は一般に、70％、5％、25％程度が良いとされています。ただ、それぞれの価値観や生活スタイルは異なるため、この割合にしなくてはいけないわけではありません。ひとつの目安としてください。

フローとストックを把握する

自分のお金を整えるために、お金の流れ（何をどう使っているか・フロー）と蓄積状況（現在の自分が持つ資産や負債・ストック）を知る必要があるとこれまでお伝えしました。

「貸借対照表」という言葉を聞いたことはあるでしょうか。

「貸借対照表」とは、企業などの財務の状況を明らかにするために、資産や負債などをまとめたものです。

これは、その企業の持っているお金や資産を分かりやすく表にしたもので、蓄積状況、すなわちストックを表す一覧表のことを言います。

資産の合計額すべてを総資産と言います（次のページの上図の左）。総資産額は、負債と純資産の合計額と同じです。

企業は「貸借対照表」に加えて「損益計算書」や「キャッシュフロー計算書」を作

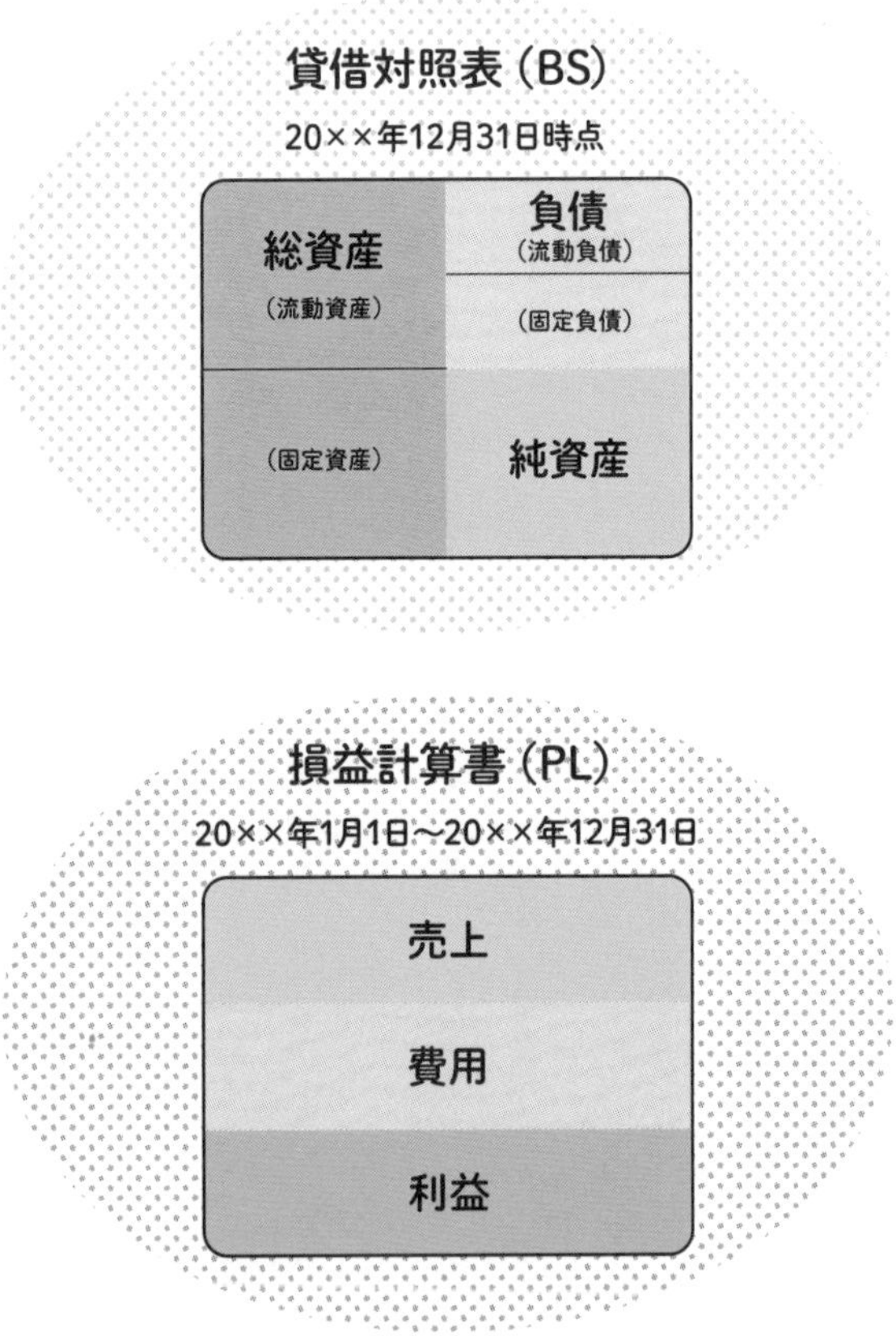

貸借対照表と損益計算書

成します。損益計算書は、経営成績をまとめたもので、下の図のように、売上と費用と利益の3つが分かるように書かれています。売上から費用を引いたものが利益です。

キャッシュフロー計算書は、資金のこれまでの出入りについてまとめた資料です。

こうしたフローやストックに関する資料を、企業ではまとめて財務諸表（決算書／決算報告書）と呼び、定期的に作成しています。いずれも、その会社のこれまでのお金の流れが確認できる一覧表です。

企業はなぜ、定期的に財務諸表を作成するのでしょうか。

それは、自らの財政状況や経営成績を、出資者である株主やお金を貸してくれた債権者などに報告するためです。もちろん、自らの経営を振り返り、将来に生かしていくための資料としても役立ちます。

企業はまた、将来のために、収支計画も作成します。

中期経営計画として3年先まで予想したり、1年先の貸借対照表や損益計算書を予想し、関係者に開示したりします。

家計の考え方と企業の考え方の基本は同じ

ここまで企業についての話をしてきました。ここからは、企業の財務諸表の考え方を応用して、個人レベルでも財政状態や経営成績を表現する方法について見ていきましょう。

資産と負債と純資産は貸借対照表、家計簿に記録したものは損益計算書に相当します。家計簿をつけ始めた方は、**最初の1カ月の結果を月間収支表としてまとめてみましょう。**消費、浪費、投資の割合がどうなっているかを分析すると、自分のクセが見えてきます。

そのまま1年分の家計簿がたまったら、年間収支表をつくります。これが企業でいうところの損益計算書に相当します。完成したら、分析していきましょう。未来をより良くするために改善できる部分があるか、しっかり振り返ってみてください。**同時に、次の1年のことをあれこれ考えて、年間収支計画表がつくれたら完璧です。**

次に貸借対照表を個人レベルでつくってみましょう。

貸借対照表は、ある時点での蓄積状況を表します。**個人版の貸借対照表をつくれば、急にお金が必要になったとき、余力がどのくらいあるのかを確認できます。**

まずは、自分の持っている**現金、預金のほか、債券、株式、不動産、貸付金、自動車、絵画、宝石など、売ったら現金化できそうな資産をリストアップします。**項目別に金額を記入するのですが、ここでのポイントは「現在価値に直して考える」ことです。

「現在価値に直す」とは、どういうことでしょうか。

急に１００万円を支払うことになったとしましょう。しかし、現金や預金が足りないとき、保有している株式を売却して支払いにあてることになるかもしれません。１００万円で購入した株の価格がそのままなら、すぐに売却して支払うことができます。しかし、株価が購入時の半値なら、支払える金額は半分しかなく、不足した状態です。

今、もし所有している財産をすべて売却したら手元に残る現金がいくらになるのかという視点で考えながら、リストを作成してみてください。

「リストをつくり始めたら、昔買った投資信託の存在を思い出しました！」

「現在価値を調べたらすごく高く売れることが分かって、得した気分です！」

こんな喜びの声を聞くこともあります。ぜひ宝さがし気分で楽しみながら取り組んでみてください。

リストができたら、貸借対照表の左側の資産を上下のふたつに分けてみましょう。上を「流動資産」、下を「固定資産」とするイメージです。リストのうち1年以内に換金する可能性がある資産や現金化しやすい（流動性が高い）資産が流動資産です。反対に1年を超えて保有する予定の資産が固定資産です。

負債についても記入していきましょう。学生ローンや住宅ローンなど、借入のある方は、負債の欄に残高を記入してください。負債も1年以内に返済する予定のローンは「流動負債」に、返済期日が1年を超えるものについては「固定負債」に分けましょう。

流動と固定に区別しているのは、1年以内に返済期日が来るローンを返せる資産が十分あるか確認するためです。流動負債の金額以上に流動資産があれば安心感があります。

資産の合計額が十分あったとしても、流動資産が少ないと心もとなくなります。たとえば、今住んでいるマンションは、流動資産とは言えません。流動資産は、換金しやすいものだからです。

もし総資産額のほとんどが現在住んでいるマンションの価値だったとしましょう。もし何かの返済期日が近づいてきて手元資金が足りない場合、今住んでいるマンションを売却するのは大変です。資産の合計額だけでなく、それぞれの換金しやすさ（流動性）についても確認しておくことが大切です。

家族のお金について

あなたはひとり暮らしですか？
それとも、家族と一緒ですか？
親の老後や相続について話したことはありますか？

家族のお金の管理については、**生計を一にしている全員分をまとめて行うのが基本です。**しっかり管理しているつもりでも、同じ生計の中で誰かの分が抜けている状態は好ましくありません。

ただし、家族と言えども、お金の話ができない方はけっこう多いです。特に夫に対して、妻がお金の話がしづらい多い印象です。

その場合は無理をせず、まずは、ご自身のお金まわりを整えるところから始めてみてください。

お金の話はなかなかしにくい場合もありますが、たとえば自分ひとりがせっかく将来のためにお金を貯めたり、投資をしたりしても、**家族のメンバーにまったく貯金がなかったり、借金があったりして後でトラブルになることもあります。**

折を見て家族全員でお金を整えていけるよう動いてみてください。

何ごとも比較検討、交渉できる余地を探りましょう

「お金」に関しては、いろいろな場面で交渉できる余地があります。

住宅ローンの金利ですら交渉できる場合があります。

はじめて借り入れするときも、借り換えするときも、別の銀行で話を聞いてから比較検討、相談が鉄則です。**なお、地方銀行や信用金庫の金利のほうが安かったり、審査が通りやすい場合があります。**

「小さいところより大手のほうが安心する」と思う方もいるかもしれません。しかし、**一度借りたお金は相手の事情にかかわらず、契約で決めた返済期日までは借り続けることができます。**これを「期限の利益」と呼びます。

借り手の権利は期日まで保護されますので、**住宅ローンをどこから借り入れるかにこだわる理由はあまりないでしょう**（ただし、事業資金のためのローンなど、再度借

りなおす必要がある場合、貸し手の銀行の体力次第で借りなおすことができなくなるリスクもあるので注意しましょう）。

「期限の利益」については、民法第１３５条から１３７条で規定されています。ご興味のある方は一度、ご覧になってみてください。金融機関の契約書に期限の利益の喪失事由が追加されていることもあります。契約内容は毎回、しっかり確認するようにしましょう。

（期限の到来の効果）

第百三十五条　法律行為に始期を付したときは、その法律行為の履行は、期限が到来するまで、これを請求することができない。

2　法律行為に終期を付したときは、その法律行為の効力は、期限が到来した時に消滅する。

（期限の利益及びその放棄）

第百三十六条　期限は、債務者の利益のために定めたものと推定する。

2　期限の利益は、放棄することができる。ただし、これによって相手方の利益を害することはできない。

（期限の利益の喪失）

第百三十七条　次に掲げる場合には債務者は期限の利益を主張することができない。

一　債務者が破産手続開始の決定を受けたとき。

二　債務者が担保を滅失させ、損傷させ、又は減少させたとき。

三　債務者が担保を供する義務を負う場合において、これを供しないとき。

保険は、必要な場合にだけ

みなさんは生命保険に加入していますか？

この質問をすると、多くの方がイエスと答えます。日本は世界的に保険大国と言える状態にあり、複数の保険に加入している方も多くいます。

リスクに敏感で、しっかり将来に備えているとしたら、それはすばらしいことです。しかし、細かく確認していくと、**実は加入している保険の内容が分かっていなかったり、不必要な保険に加入している方が多かったりします。**非常にもったいない状況です。

現在の日本では公的保険が比較的充実しています。たとえば、一定額以上の治療費がかかった場合に活用できる高額療養費制度があります。

特に会社などで働いている方は、自営業の方に比べて、病気やケガで働けない場合の支援が厚くなっています。働き方や年収、年齢などで異なりますので、ご自身が公的保険でどこまでカバーされるか、一度しっかり確認してみてください。

実は、生命保険に加入したほうがよい方と、しなくても問題ない方がいます。

みなさんの状況について、一緒に見ていきましょう。

まずは、これから1年程度、自由に動けなくなるという前提で、みなさんが必要とする金額を試算してみましょう。必要額は生活スタイルによって異なるため、試算する際には次の項目を参考にしながら考えてみてください。

①1年程度、無収入で生活するとしたら、いくら必要ですか。
②保険の範囲内での治療を希望しますか。自己負担が生じる治療も希望しますか。
③入院する場合、差額を払ってでも個室に入りたいですか。
④長期入院や自宅療養が必要な場合、家事代行やベビーシッターなどを頼む必要がありますか。

次に、先ほど試算した必要額をどこまで公的な保険でカバーできるか確認してみましょう。次の項目を参考にしながら、考えてみてください。

①ご自身のケガや病気で動けなくなった時、ご自身の加入している社会保険から、傷病手当金などを受け取ることはできますか。どの程度支払われますか。

②高額療養費制度での上限額はいくらですか。

③取り崩せる貯蓄はどの程度ありますか。

この計算をして、不足額が生じた方は民間保険への加入を検討してみてください。

別の確認方法として、次のふたつに当てはまる方も民間保険への加入を検討することをおすすめします。

①いざというときの経済的余裕がなく、頼れる人もおらず、扶養中（成人前）の子どもがいる方

②今の税制で相続税が課税される水準の資産を持ち、相続税対策を検討している方

もし、保険が必要と判断した場合、どれを選ぶかも大切です。安価なネット保険や共済で十分な場合もあります。比較検討してから判断していきましょう。

なお、払い出しの条件に合致した場合、生命保険は契約した金額が支払われます（複数の保険に入っていたら、複数社からそれぞれ支払われます）。**一方、損害保険は実際の損害額までしか補償されないことが基本です。**つまり複数入っていたとしても、支払われるのは損害の額だけです。加入のしすぎには注意してください。

よく聞く事例として、クレジットカードにあらかじめ保険があるのに、空港で海外旅行保険に加入してしまった、という話があります。損害の額しか払われないので、この分はまったくの損になります。

クレジットカードの会費が高いものほど、充実した内容の保険が付帯される傾向にあります。ご自身のカードで何をどこまでカバーしているのか事前に確認しておき、足りないところがあった場合のみに、追加で加入するようにしてください。

確定申告とはそもそも何か

さて、ここまでで「貯める」ことにずいぶん強くなったはずです。

ここで、仕上げとして私は「確定申告」を自分ですることをおすすめします。会社員の方も、確定申告で節税できるかもしれません。

確定申告とは、働いた人が、自分が納めるべき税の額や、税を払いすぎて戻ってくる（還付される）額を確定することです。本人が1年間に得た所得を税務署に申告することで税額が決まります。

つまり、確定申告をすることで、自分がいくら稼いだか、納めるべき税はいくらかということがクリアになります。

そもそも所得税は、1年間のすべての所得から、「所得控除」というものを引いた残りの「課税所得」に税率をかけて決定します。控除とは「引く」という意味です。「所得控除」とは、納税者の事情に応じて税を減らすために設けられた制度で15種類あります。確定申告時に申告しないと引いてもらえず、納税額が高くなってしまうかもしれません。**自分でやらないと、損をすることがあるのです。**「会社がやってくれる」「申告するのが面倒だから」と放置せず、対象となる控除はすべて忘れずに申告してください。**「課税所得」を高いままに放置しないことが重要です。**

会社などで働いている方（給与所得者）の大部分は、勤務先が代わりに年末調整を行い申告してくれるため確定申告は必要ありません。年末調整とは、勤務先がそれまで天引きしてきた所得税額と最終的な納税額との過不足を調整することで、基本的に納税手続きは完了します。しかし、その後自分で確定申告をすれば、還付金を受けられる場合もあります。

もうひとつ、給与所得者であっても、給与の年間収入金額が２０００万円を超える方や副業などの所得合計額が20万円を超える場合などでは別途、確定申告の義務があります。また個人事業主の場合は、そもそも年末調整を受けることができないので、自身で確定申告する必要があります。

税金の疑問は確認するクセをつける

確定申告やそれ以外でも税に関する疑問がでてきたら、そのままにせず必ず確認するようにしましょう。

国税庁のホームページのほか、お住まいの地域の税務署に直接出向いたり電話で相談すればＯＫです。

最初は敷居が高く感じるかもしれませんが、丁寧に教えてもらえますのでぜひ相談してみてください。

他にも、市区町村で無料相談窓口が設置されていることもあります。個人事業主の場合は青色申告会への入会を考えてもいいかもしれません。顧問税理士や商工会議所などへの相談も検討してみましょう。

脱税は違法、節税は合法

脱税は違法です。金額の大小にかかわらず、絶対にやめるべきです。

しかし、節税は合法です。必要以上に払い過ぎないよう、注意しましょう。

会社で働いている方は、給料から税金や社会保険料を天引きされていますね。自動で支払われているため、自分がいくら払ったのか、自分の所得税率が何%なのかを知らない方もけっこう多いです。会社が代わりにやってくれていたとしても、人間がやっていることです。実は間違っていたなんてこともあります。毎月自分の給与明細をしっかり見ることが大切です。

自営業の方の多くは確定申告（自分で納税すること）をされています。ただ、ご自身で確認せずに任せた税理士が間違い、税金を払い過ぎてしまった事例も存在します。

やはり、ご自身である程度は確認されるほうがよいでしょう。

ところで、企業は通常、1年間の課税所得や税負担を予想し、過度な税負担を抱えたりしないようあらかじめ準備しています。これをタックスプランニングと呼びます。私たち個人もタックスプランニングに取り組み、確定申告をすることで必要以上の税金を負担せずに済む場合があります。

たとえば、確定申告で受けられる所得控除のひとつに、医療費控除があります。1年間で支払った医療費が高額だった場合、会社員の場合は（年末調整を通じてすでに納税してしまっているため、確定申告で医療費控除を申告すれば税金の還付が受けられ、個人事業主の場合は確定申告で届け出れば節税できます。他にも、自宅を住宅ローンで購入したり、寄付をした場合にも税金の払い過ぎを避けられる可能性があります。

所得控除の詳しい情報や適用の可能性については、国税庁のホームページやお住まいの税務署などで確認するようにしてください。家族構成や年収などにより一律ではないためです。

リソースを投入したら、そこから最大限のリターンを得よう！

序章で、私は自分への投資が最高の投資と言いました。勉強のために、自分にお金を使うことも多いはずです。

投資の考えの基本は、「リソースを投入し、そこから最大のリターンを得ること」です。

ここで気をつけるのは、世の中には資格を取得するための学校やセミナーなどがあふれていますが、資格を取ったはいいものの、そのままになってしまっている方もいます。高額なものも多くあるので、わざわざ資格を取るなら、それを活用してしっかり元を取りましょう。

みなさんが投入したリソース（受講料、時間、エネルギー、知識、技術、経験、人的ネットワーク、勇気など）に対して、最大限のリターンを得るように心がけてみてください。

ここで大切なのは、リソースの投入先が、「人生の地図」の大まかな方向性と合っているかどうか、ということです。

あなたがありたい姿や理想のライフスタイルに近づくために必要なことを常に考え、社会の変化にも気を配りながら、あなたの価値を高めるための方法を探ってください。

これだ！　と思う投入先が見つかったら、スルメを最後までしゃぶりつくすような気持ちで、あるいは、利用単価を下げていくぐらいの意気込みで投入したリソース以上のものを必ず得るように意識してくださいね。

場合によっては「講座に参加したけれど思っていたのと違った」「会社に副業を禁止されて資格をとってもすぐには生かせない」という方もいることでしょう。

今すぐ最短ルートで真っすぐ進まなくても大丈夫です。

途中で寄り道をしてもかまいません。一度始めてみたけれど、どう考えても違う、と感じたら、思い切ってやめてもいいのです。

過去に投入したリソースがもったいないからとサンクコストに囚われると、むだにむだを重ねる結果になりかねません。「人生の地図」を見ながら楽しんで学びましょう。
あなたの「人生の地図」にある北極星や道標が意識できてさえいれば、すぐに直接役立つ学びや資格でなくても大丈夫です。私自身の例をあげて、もう少し説明してみたいと思います。

私は大学卒業後、国内外の金融機関等で20年以上にわたりファンドマネージャー、アナリストとして働きました。企業の経営や財務を分析し、投資する仕事です。スタートしてから徐々に、投資対象である日本企業の競争力が低下していることに気づきました。

経営陣や組織のあり方に注目し、自分でもコーチングやリーダーシップについて興味を持ち、学ぶようになりました。そして、『失敗の本質 日本軍の組織論的研究』（中公文庫）を読み、男性中心で同質性が高い組織構造が日本企業の問題なのではないかと考えるようになりました。**その後ジェンダーの問題に関心を持つようになり、大学院で研究したいと思い、会社を退職しました。**

応援してくれる人もいる一方で、「もったいない」「経済的に大丈夫なの？」など、いろいろな声が聞こえてきました。でも、自分の「人生の地図」を考えたとき、私にとっては「誰もがその属性にかかわらず自分らしく生きられる社会」に近づくことが大切だと気づきました。

ジェンダー研究は私にとって新しい分野でしたが、社会の構造問題に気づけるようになりました。一旦は金融業界から離れたものの、今度はジェンダーの視点に立ってお金のことを考えられるようになりました。

そして、女性の経済的自立に役立つような学びを提供したいと考えるようになりました。この本を書いているのも、経済的自立や自分らしい人生を求める多くの方に情報を少しでも届けたいと願っているためです。

最初からすべてを計画していたわけではありません。私にとっての北極星、**すなわち、大切にしている価値観やゆずれない想いを尊重しながら、新たな一歩を踏み出し続けたら、ここまで来たというのが実感です。**自分が生きたい人生のために自己投資をすることは、結果的に楽しいことでもあるはずです。ぜひ楽しんで学んでください。

COLUMN

先送りは高くつく

毎日の生活の中で「面倒くさい」「今はやりたくないな」などと感じること、ありませんか。

私はよくありました！　つい後回しにして後悔したことが数知れずあります。

しかし、現在では、「大切なことは先送りしない」というのは優先事項のひとつとして心に決めています。**なぜなら「先送りは高くつく」ことを知っているからです。**

たとえば、メールや郵便物を溜めてしまうと、探す手間がかかります。

スケジュールの管理がおろそかになると、遅刻やダブルブッキングで対人関係に悪影響を及ぼしかねません。先送りした案件が地層のように積み重なり、それぞれのフォローも必要となったら、ますます忙しくなります。

お金にも同じことが言えます。お金を貸した相手がなかなか返してくれなかったらモヤモヤしませんか。相手への信頼感が揺らいでしまうかもしれません。同様に、**あなたがクレジットカードやスマートフォンの料金の支払いで遅延したら、契約先の企業からの信用を失います。**その信用情報は他社と共有される場合があります。結果として、その後、新たに借り入れをしたいときに、審査に落ちてしまう可能性があります。**ちょっとだからという先送り体質が高くつく可能性があるのです。**こうしたコストを考慮しつつ、先送りするかどうかを決める必要があります。

私が「この人はすごい！」と感じる方々は、大切なことを先に手がける傾向にあります。決断が早く、反応も速いのです。たとえば、お金の講座では毎回課題を出すのですが、どんなに忙しくても、すぐに課題を一読し、何かあれば即座に質問が来ます。隙間時間を活用しながら課題を終わらせ、期限までに提出します。一方、先送り体質の方々はギリギリになってから課題を開きがちです。質問する暇もありません。こうした行動を何年も積み重ねていくと、その先の人生には大きな差が生じてくるのではないでしょうか。

COLUMN

YouTubeの教えは、あなたにとってのベストとは限らない

私がよく受ける質問を紹介したいと思います。

「YouTubeを見れば、お金まわりの情報を得られますよね？」です。

YouTubeやポッドキャストなどでいろいろなお金の番組が無料で配信されています。情報収集のために上手に活用できたらこれに勝ることはありませんが、その際に注意してほしいことがふたつあります。

ひとつめは、情報の信憑《しんぴょう》性について確認が必要ということです。**そもそも、番組で提供する情報が正しくない場合があります。**うのみにせず、ご自身で元の情報（一次情報）に戻り真偽を確認するクセをつけましょう。複数の番組を比べたり、新聞や書籍など別の媒体を参照するのがおすすめです。お金について普段から気軽に話せる仲間を見つけておくことも大切です。**情報の真偽に対してアンテナが立ちやすくなります。**

ふたつめは、その情報が自分の理想の生き方に合致するか確認す

ることです。お金とのつきあい方には私たちがそれぞれ大切にしている価値観や知識量、経験値や考え方のクセなどが強く反映されています。ＹｏｕＴｕｂｅｒの方とみなさんの生き方が似ているか考えてみてください。また、価値観が似ていたとしても、知識量や経験値が異なれば、番組ですすめる方法は今のあなたにとってベストではないでしょう。自分ができるかどうかもよく考えてみてください。

大切なのは、誰かがすすめる情報に踊らされずに、正しい情報にもとづいて自分の頭で判断し続けることです。自分の人生をデザインするために必要な情報は、簡単に教えてもらえるものではありません。

誰かが答えをくれるのを待つのではなく、自分で情報を集め、自分で考え、自分で判断する必要があります。

自分の学びに時間やお金やエネルギーをしっかり使いましょう。自分への投資を通じて、自分の価値を高めていくことが大切です。

COLUMN

会社の財務諸表が読めた!!

お金の教養講座の参加者のみなさんからは、自分自身の財務諸表（年間収支表と貸借対照表）を作成したことで、会社の財務諸表が読めるようになった！　という声が届いています。

個人のお金まわりも、企業のお金まわりも、管理方法の大枠は同じです。**自分の手を動かしながら財務諸表をつくったら、理解は一気に深まるのです。**

第4章で投資についてお伝えしますが、個別企業の株や社債に投資してみたいと考えるみなさんにとっては、会社の財務諸表が読めることは必須です。

まずはぜひ、ご自身の財務諸表作成から取り組んでみてください。

chapter 3

自分らしく
働いて稼ぐ

FIREはおすすめできない

この章では、「働いて稼ぐ方法」についてお話しします。

前半は自分らしい働き方や自分の価値を高める方法です。自己投資の大切さについても触れます。

後半では、私たちが持つ無意識の思い込みが働き方や稼ぎ方に大きな影響を及ぼしていることについて解説していきます。

「お金を増やす」と聞くと、あなたは何を思い浮かべますか？

節約や金融商品への投資を思い浮かべる人が多いかもしれません。

まず、節約には限界があります。無理をすると心がすさみかねません。投資するにしても元手となる資金（種銭）が必要です。**ゆとりある生活を支えられるだけのリターンを確保し続けることは容易ではありません。**

FIRE（ファイア：Financial Independence, Retire Early）という言葉があります。**若いときに節約しながら一所懸命働いてお金を貯めて、早期に退職してその後は投資で暮らす生き方です。**

米国トリニティ大学のトリニティスタディによると「株式50％、債券50％の資産をつくり、年4％ずつ取り崩せば、30年後も資産はほぼ残る」としています。FIREとは、年間支出額の25倍の資金を早期に確保し、全額運用してリターンを得て、そのうちの4％を生活費にすれば、貯めたお金は減らさずに暮らしていけるという考え方です。

しかし、トリニティスタディの説明通りに投資してもうまくいかないリスクがあります。海外の事例で、税金が考慮されてないことなどがあるからです。

また、完全にリタイアするためには、若いうちの自分の持つリソース（お金・時間・エネルギーなど）が投資のための種銭を確保することに優先されてしまいます。**そうなると、自己投資がおろそかになりがちです。**早期リタイア後は働いて得る収入が断たれてリスクを伴う投資のみになってしまう点にも注意が必要です。私は、完全なFIREを目指すよりも、まずは働き方や稼ぎ方を見直すことをおすすめしています。

自己投資を通じて自分の価値を高めながら、自分の好きなときに好きな場所から好きな働き方ができる方法を考えるほうが現実的です。働き方のポータビリティ（持ち運べること）を高めましょう。

増えた収入の一部は金融投資にまわすことを検討してください。FIREの考え方を参考にしながらも、完全にはリタイアせず、好きな仕事を続けていくイメージです。仕事を続けていれば、資産運用が期待通りにいかなくても慌てる必要がありません。仕事を通じて社会とつながり、自分の生きがいを見つけられる可能性もあります。

理想の生き方を実現するために、働き方、稼ぎ方を探ってみましょう。働き方を工夫すれば、しっかり稼いで増やせます。その上での、投資です。終身雇用があたりまえの時代は定年までしっかり働いて貯蓄するスタイルで良かったかもしれません。しかし近年では、会社の倒産や人員削減などのあおりで定年まで働き続けられない事例も散見されます。長い人生の中で予想外の事態に遭遇することもあります。何かあったときに対応できるよう平時から備えておくことも大切です。

投資に関しては第4章で詳しく説明します。ここまでお伝えした通り、「貯める」「稼ぐ」「増やす」の得意な部分を中心にお金の才能を磨いてください。

自分らしい働き方、稼ぎ方がある

ところで、あなたは、いまの働き方や稼ぎ方に満足していますか？

「イエス」と即答した方はそのまま続けるのがベストです。いまの働き方、稼ぎ方の中で、より収入を増やす方法を考えていきましょう。

即答できない、あるいは「ノー」と感じた方は、働き方、稼ぎ方を見直していく必要がありそうです。理想の人生に近づくための方法を一緒に考えていきましょう。

お伝えしたいのは、自分らしく満足して働き、稼ぐ方法は存在するということです。

仕事は一方的に与えられるものではありません。同じ場所で同じことを続けることは必ずしも美徳ではありません。試してみて違ったら変えてもいいのです。

自分が理想とする生き方をゴールとするなら、ゴールにたどり着くための道筋や使える道具、一緒に前進する仲間は自分で選ぶことができます。**自分の人生は自分でデザインできます。**

大切にしている価値感と　ゆずれない想いがある人のほうが強い

あなたは仕事を探すとき、何を重視しますか？
働いている方は、なぜその仕事を選んだか覚えていますか？
ざっと以下のことが思いつくかもしれません。

・仕事内容
・専門性
・報酬額
・勤務地
・勤務時間
・会社の知名度
・安定感

重視する項目は人それぞれです。正解はありません。誰の目も気にすることなく、

自由に考えてみてください。自分が大切にしたい項目を確認し、ここは絶対にゆずれない！　と感じることをリストアップしましょう。紙に書くのもいいでしょう。理想の生き方に少しでも近づけそうな稼ぎ方や暮らし方を選択していきましょう。

ここで大切なのは、過去や現在だけでなく将来を見すえて考えることです。**目の前のことにとらわれすぎず、長い目と広い視野をもって検討しましょう。**

たとえば、就職活動中の学生さんから、安定した大企業に入りたいと相談を受けたことがあります。希望している会社は、急な転勤辞令もある可能性がありました。すると、「勤務地を変えたくないので応募先を見直したい」という話になりました。この優先事項は本当は勤務地でした。自分にとって大切な部分は、あらかじめ確認しておくことが重要です。

希望する仕事に就いたとしても、歳を重ねて価値観が変わることもあります。世の中も、自分自身も常に変化しています。大切なのは、一度決断した後でも、「この仕事では自分の価値は高まらない」「自分の理想の生き方には近づけない」と判断したら、いつでも軌道修正をすることです。**自分らしく生きるために、常に修正できる人間はとても強いです。**

会社で働くか独立するか

もし選べるとしたら、あなたは「会社で雇用される働き方」と「独立した働き方」のどちらを希望しますか。

「私は会社や組織に属したい」という方は、会社との雇用契約にもとづいて働くことになります。経営者や管理職などが決定した経営目標に従って仕事をします。

雇用契約にもとづいて働く、いわゆる会社員としてのメリットは、勤務時間や勤務スタイルに制約がある一方、**失敗した場合のリスクをひとりで負わず、ひとりではできないような大きなプロジェクトを担当できる可能性があることです。**

業務上の病気や、ケガで働けなくなった場合には労災保険から休業補償が出たり、失業した場合には雇用保険から失業給付を受けることも可能です。正規雇用（正社員）、非正規雇用（契約社員、派遣労働者、パートタイム労働者）などさまざまな働き方があります。

独立して働きたいという方は、まずは開業届を出して「個人事業主（いわゆるフリーランス）」の立場から始めるとよいでしょう。会社を設立して代表に就くよりも、資金面や時間的な負担を抑えられます。個人事業主の場合、会社と「雇用契約」は結ばず個人で事業を展開します。

独立のメリットは、仕事内容や勤務時間、勤務スタイルなどを自分で決められることです。反面、リスクは自分で負わなければなりません。

特に、独立した当初は仕事がない日が続く可能性があります。**その間に学んだり、準備したりして前向きに過ごせる方は独立に向いていそうです。**不安になる人は会社で働くほうがいいかもしれません。

個人事業主のように柔軟に働きたいけれど、仕事を自分で見つけたり経営管理的なことが苦手な方は、「業務委託契約」を結んで会社で雇われるのに近い形で働くことも可能です。**ただ、「業務委託契約」は労働保険の対象にならないことが多いので、**万一働けなくなったときに備えて、就業不能保険に入ることを検討してもよいでしょう。

個人事業主として基盤を確立できれば、一国一城の主として生きていくことができます。事業規模が大きくなると、会社を設立（＝法人化）して雇用主になるという選択肢も生まれます。

このふたつの他にも個人商店や農家などで家族の仕事を手伝う家族従業者や、働いてもお金が支払われない無償労働者という働き方があります。

無償労働には家事、育児、介護のほか、社会的活動（ボランティア、住民運動など）が含まれます。

あなたの理想の生き方に近づく働き方を選んだら、税金や社会保険料などのしくみについても確認しましょう。

税金や社会保険料などの負担は報酬の水準や家族構成などだけでなく働き方（被雇用者か個人事業主か）によって異なります。**労働の対価として同じ報酬を得ても、自分の働き方により、手元に残る金額が変わる可能性があるためです。**

自分の働き方ではどのような支払いが必要か、節税の方法と合わせて事前に確認しておきましょう。

給料は我慢の対価なのか？

理想の生き方や働き方と照らし合わせて、現実とギャップを感じたら、ご自分で変化を起こすのはいかがでしょうか？　こういう方は、私が言わなくても、現状に対してこれまでモヤモヤしていたかもしれません。

誰かがもたらすチャンスを待つよりも、自分で変化を起こしたほうが、いい結果が得られる確率が格段に高まります。

もちろん、不安を感じる場合もあるでしょう。転職も大変ですが、それ以上に働き方自体を見直したりする場合、変化が大きければ大きいほど不安も大きくなるのはあたりまえのことです。

「失敗したら困る」

「今のまま我慢すれば収入は安定するはず」

かつて私の上司が「お金をもらうのだから、仕事が辛くても仕方ない」と話していたことを、今でも鮮明に覚えています。**給料は我慢の対価なのでしょうか。**当時の私は納得がいかない気持ちを抱えながらも、うまく言葉にすることができませんでした。

私たちが大切にしている価値観はそれぞれ異なります。

給料を我慢の対価ととらえる人もいるでしょう。でも、**ただ踏み出しただけでそんな世界から抜け出せるなら、そのほうがいいと思いませんか。**現状に耐えて我慢していても、状況はずっと変わらないままかもしれません。

どうせ働くのなら、やりがいや充実感を感じられるほうがよいと思うのです。

大切な人たちや、社会のために役立つ仕事をしながら、自分も、かかわる人たちも笑顔になるような働き方ができたら最高だと思いませんか。

ここぞというときに、一歩踏み出せる人だけに見える世界があります。

今いる場所にこれからもずっと留まり続けることと、一歩踏み出す勇気がその先にもたらす可能性とを比較しながら、自分が理想とする生き方にどちらが近いかよく考えて判断してみてください。

自分の働き方は、自分で変えられる

調子が悪いとき、うまくいかないことがあるとき、「自分ばかり損している」と感じることはありませんか。

家族や友人や職場の人たちが自分の希望通りに動いてくれたら、もっと楽になるかもしれません。でも、みんながそう思っていたら？　全員の希望が同時に成立することは難しいです。

だれかを希望通りに動かすことは困難です。もし脅迫などの手段で強制しても、長続きはしないでしょう。

誰かを変えるために、あるいは変わってくれないと嘆くために時間やエネルギーを費やすよりも、自分で現状を変えるほうがはるかに効果的です。また、自分が言い出して主導権がとれると、「選べる力」が手に入ります。自分で物事を動かせておもしろくなります。まずは自分の認知の方法（物事のとらえ方）を変えてみましょう。「だれかが動いてくれる」ではなく、「自分で動いていく」だけで変わります。

認知の仕方が変わると、「誰も〇〇してくれない」モードから、「自分でやろう！」モードに変わっていきます。悪いことよりもよいことに目が向くようになり、幸せな時間を、より長く過ごせるようになります。

幸せそうなあなたの様子を見て、まわりの方も自分の言動を変え始めるかもしれません。あなたが変わると周囲も変わります。直接的に働きかけなくても、嬉しいオマケがついてくるかもしれないのです。

他人と過去は変えられない。
自分と未来は変えられる。

この言葉を改めて意識しながら、まずは自分自身を変えるところから取り組んでいきましょう。

自分に値段をつけるとしたら

簡単なワークをしてみましょう。

①現在の自分自身に値段をつけてください。実際に得ている報酬額にかかわらず、年収と時給について、自分なりの予想を思い浮かべてみてください。

②実際に得ている報酬額を確認してみましょう。

（a）給与明細を確認してください。

（b）単価（時給）を計算してください。

③将来の報酬額を予想してください。今の場所で働き続けた場合、今後の報酬額はどのように推移しそうでしょうか。

④実際に得ている報酬額と自分で予想した報酬額を比較してください。

どんな印象を持ちましたか。何か気づいたことはありますか。

これは、自分の価値を自分でしっかり評価するためのワークです。

雇われて働く場合、会社が報酬額を決めることが一般的です。自営業をしている場合も、お客様が受け入れやすそうな水準で、請求する額を決める場合が多いようです。いずれの場合も、報酬に対しての個人の希望は後回しになりがちです。

もともと、日本では男女間の賃金格差が大きく、同じ職種でも女性の報酬額が低くなる傾向があります。男女格差が大きな社会で育っていくうちに**こうした日常が内面化されていると、せっかく起業しても、つい報酬額を低く設定してしまう可能性もあります。**ぜひ、正当な評価が得られる場所に身を置くようにしてください。そして、自分の価値を高め続けることを意識してください。

自分の価値を高める8つの力

自分の価値を高められる人にはいくつかの共通点があります。大きく8つに分けて紹介します。

①学び続ける姿勢
②自立・自律的な姿勢
③批判的な思考力
④偶然の出会いを楽しむ姿勢
⑤情報収集力（聞く力・ITスキル・英語力など）
⑥伝える力
⑦金融知識
⑧ジェンダーに関する知識

①学び続ける姿勢

世の中は常に変化しています。

何歳になっても好奇心を持って学び続けましょう。

パソコンのオペレーションシステム（OS）をアップデートするように、自分のOSもアップデートしてください。学んだことは自分の価値向上のために活用してください。学んで満足してしまったり、資格取得を目標にしないよう注意してください。

②自立・自律的な姿勢

自立・自律的に生きることができれば、人生の自由度が高まります。経済的自立はもちろんのこと、精神的自立により自分の機嫌をコントロールできるようになります。「ごきげん力《りょく》」を手に入れることができるのです。**誰かに依存しすぎると自らの決定権を失ってしまいます。**依存する相手を失ったときに途方に暮れてしまうリスクもあります。周囲の人とは、必要に応じて頼ったり頼られたりする適度な距離感を構築しましょう。

③批判的な思考力

物事や情報をうのみにせず、多面的・論理的に考える思考法をクリティカル・シンキング（批判的思考）といいます。

日本では批判的思考について学ぶ機会は多くありません。序章でも書いた通り、日本では「批判的に考える必要がある課題を与える」教育が極端に少ないことが明らかになっています。

世間の「普通」が正しいとは限りません。時の権力者が自分たちに都合の良い制度や言説をつくり上げ、メディアや世論を動かしていることもあります。

「みんなが言っている」「昔から○○だ」などの言い回しには注意しましょう。**「それって本当？」「みんなってだれ？」と考える癖をつけてください。**

④偶然の出会いを楽しむ姿勢

居心地のよい場所（＝コンフォートゾーン）から一歩出ると世界が広がります。同じ場所で同じ人に囲まれていると、視野が狭くなったり、思い込みが強化される傾向があります。**意識して違う行動をとったり、新たな環境に身を置いたりしてみてください。**偶然の出会いからきっと何かが生まれてくるはずです！

⑤情報収集力（聞く力・ＩＴスキル・英語力など）

学び続けるためには、情報収集力が重要になります。まずは意識して相手の話に耳を傾ける「聞く力」を身につけましょう。

ＩＴスキルや外国語が使える能力があれば、より多くの情報に早く触れることが可能になります。

⑥伝える力

言葉にして伝えることは大切な行為です。相手がいつも察してあなたのために動いてくれることは期待できません。**すばらしい情報やアイデアを持っているだけでは、あなたのすばらしさは周囲に伝わりません。**伝わる表現や方法を身につけて、あなたの価値を見える化していきましょう。

⑦金融知識

資本主義社会ではお金は重要なリソースです。

お金は怖いものでも難しいものでもなく、理想の生き方に近づくための大切な道具です。お金について学び、自分らしいお金とのつきあい方を身につけることで、人生の選択肢を増やしていけます。

⑧ジェンダーに関する知識

ジェンダーの知識がなくても生きてはいけます。

しかし、ジェンダーについて学ぶと人生の選択肢が増えます。**特に女性などマイノ**

リティの立場にいる人にとっては、知ることで生きやすくなっていきます。

マジョリティの立場にいる人も、無自覚に誰かを傷つけるリスクが減っていきます。

意識して学ぶことを強くおすすめする分野です。

経済的自立は人生の自立

経済的な自立は、あなたに自由をもたらします。自分で自分の人生をデザインしやすくなります。

お金に関するアンケートを実施すると、高収入のパートナーを見つけて働かずに暮らしたいという方もいます。価値観はそれぞれですが、**専業主婦、主夫としての生き方は、リスクが高いことは間違いありません。**投資の世界にたとえるなら、ある会社の株に全財産を投じているのと似た状態です。**投資の基本は分散です。**さまざまな商品に投資して、リスクを分散することが安定を生みます。誰もが知る、安定した大企業でも、その企業の株価が未来永劫にわたって安定的に推移あるいは上昇するとは限りません。いつ何が起きるか分からないのに、集中買いするのはリスクが大きすぎます。

同じことがパートナーについても言えます。家族がひとりの収入に頼っている場合、パートナーの病気やケガ、失職などのリスクが家族全体の生活に影響します。

パートナーとそりが合わなくなったり、ドメスティック・バイオレンスなどの被害が生じた場合でも、経済的な理由から別れられずに悩む方もいます。

逆に、転職や独立を希望している方から、専業主婦、主夫であるパートナーが反対して困ったという相談を受けることもあります。

男女が出会って恋に落ちて結婚し、子供が生まれて幸せに暮らすという、恋愛至上主義的な価値観もあります。これは、明治以降に広まったロマンティックラブ・イデオロギーという考え方です。夫は外で働き、妻は家を守るという性別役割分業観も依然として日本には存在しています。

しかし、長い目で見た場合、家族全体としての収入源はひとつよりもふたつのほうが安心です。**万一のリスクに備えるためにも、それぞれが経済的自立をはかっておくことが大切です。**

働き方はひとつだけではない

「日本型雇用慣行」という言葉があります。これは、日本の独特な働き方のことを指す言葉で、第2次世界大戦後の高度経済成長期に形成されました。

「終身雇用」「年功賃金」「企業別組合」の3つを特徴としています。

高度経済成長期には人手不足が深刻で、人材確保にどの企業も躍起になっていました。**そこで生まれたのが、新卒者を一括採用して定年まで雇い続ける「終身雇用」制度です。**長く勤めた者を昇進、昇給させる「年功賃金」と、定年まで勤め上げれば、まとまった金額を支給する退職金制度も整えていきました。

こうして、従業員は雇用の安定を手にすることができましたが、それと引き換えにいろいろなことを我慢しなければいけなくもなりました。会社都合の急な残業や転勤、望まない部署異動なども強いられるようになってしまったのです。従業員が自分の希望する働き方を限定できないという意味で、こうした働き方を「無限定労働」と呼びたいと思います。

日本型雇用慣行の下では、「無限定労働」に従う人々が高く評価されてきました。いつでも、どこでも、どんな仕事でもできる人、ひとつの企業に長く勤務する人、つまり会社にとって都合のいい人が尊ばれ、昇進・昇格していきました。**一方、「無限定労働」のできない人は評価や報酬が低く抑えられました。**転職や転業する人をネガティブに思う風潮も生まれました。

しかし、1990年代に入ってバブル経済が崩壊し景気が低迷したことで、状況は一変しました。有名企業が事実上倒産したり、終身雇用がもうできないという会社も出てきています。転職も一般的になりつつあります。

そもそも、高度経済成長期に都合のいいようにつくられた慣行を、現代にフィットさせるのは難しいものがあります。

働き方はひとつだけではありません。同じ会社で定年まで働き続けるだけでなく、副業に取り組んだり、転職や転業をはかったり、起業したり、いろいろな働き方が選べるのです。だれがつくったか分からないきまりを「普通」として受けとめるのは、自分にとって損な場合もあります。

本当にやりたいことを、自分らしい働き方で始めよう

ここまで読んで、「私の望む働き方は、今とは違う」「現在は会社員だけど、会社員ではない働き方をしたい」と思った方はいますか？

転職と比べると、転業や起業は、やはり心理的ハードルが高いです。

しかし、自分に合った働き方を選び取れれば、満足度は大きくなります。私たちの可能性は無限大です。もし想像して無理そうに感じても、あきらめずに実現するための方法を探りましょう。できないのではなく、やっていないだけの場合が実は多かったりします。失敗を恐れず、試していきましょう。

起業を志す方からの相談で最も多いのは、会社を辞めた後の経済面での不安です。始め方として最もハードルが低いのは、今の仕事を続けながら将来やりたいことを少しずつ試していく方法です。

仕事を続けながらなら、収入が途切れることもありません。**同時並行で、何か新し**

いことを試してもいいですし、必要な知識や資格を得るために学校に通うのもよいでしょう。思い切って会社を辞めるのも一案です。今の仕事が忙しすぎる方は、同時並行でさまざまなことを試す時間が取りにくい可能性があります。人によっては中途半端になるよりも、心機一転して新しいことに没頭できるほうがよい場合もあります。

ここで大切な視点は、何を始めるかということです。好奇心がうずくようなこと、子供のころから憧れていたことなどを思い出しながら、じっくり考えてみましょう。必ずしもやりたいことと得意なことが一致するとは限りません。経験済みの仕事は即戦力としてアピールしやすいものの、それを重視すると本当にやりたいことができなくなってしまいます。

すぐにお金にならなくても大丈夫です。**せっかく始めるのですから、好奇心や使命感が満たされるような、あなたにとって本当に大切なことから試してみてください。**

ひとつの特技だけでがんばるよりも、複数を掛け合わせるのも効果的です。たとえばもし料理が好きで英語が話せるなら、外国人向け日本料理教室にしたりすると競争力は高まります。特技がもし3つになったら、更に競争力が高くなっていくはずです。**あなたを特徴づける強みが、ブランド力になっていきます。**

収入源は複数あるほうが安定する

リスク分散は大事です。

稼ぎ手がひとりよりもふたりの共働き世帯のほうがリスク分散できるのは、すでにお伝えした通りです。稼ぎ手がふたりになれば、ひとりに何かあっても、もうひとりがカバーできる可能性があるためです。

自分ひとりについて考えるときにも、この考え方を当てはめることができます。つまり、**収入源をひとつにしぼらず複数確保していれば、リスク分散がはかれます。**

仕事も、複数持つことで多様な視点や人脈を得られるかもしれません。

また、ひとつの仕事で３００万円稼ぐよりも１００万円ずつ３つの仕事で稼ぐほうが実現しやすく、安定しやすいかもしれません。

副業から始めよう

まずは副業をおすすめします。

いまの仕事や職場が大好きでずっと働き続けたい方も、転職や独立起業などの可能性がありそうな方も、副業を試してみることをおすすめします。**いまの仕事を通じてお金や知識や人脈を蓄えながら、将来に向けての副業を試すことは効率がいいです。**

まずは、自分が行いたい事業のコンセプトやビジネスモデルを少しずつ試してみましょう。もしコンセプトなどがない人は、国や地域の起業支援サービスを活用して考えるのもありです。いろいろありますので、検索してみてください。友人や家族に説明し反応を見てみるのもいいと思います。この時点で応援してくれそうな方々には、あなたの商品やサービスのモニターになってくれるよう頼んでおいてもいいでしょう。**言葉に出して伝えることが、はじめの一歩になりえます。**

実際に試す段階になると、いろいろ不安に感じてしまう方が多いです。よく聞くお悩みを、３つのパターンに分けて説明しましょう。

①宣伝や発信ができない

「恥ずかしいから顔は出したくない」「宣伝や発信がそもそも苦手」「知らない人への営業なんて無理」といった声を聞くことがあります。お気持ちは分かります。

でも、伝えなければ、あなたの商品やサービスに気づいてもらうことはできません。会社員として雇われて働いているときは、営業や広告宣伝の担当者がいて、宣伝や発信をしてくれます。しかし、自分が裁量権を持つ働き方の場合、自ら宣伝・発信することが大切になります。

まずはあなたがそこにいることを知ってもらう必要があります。意識を変えて取り組んでみてください。なお、どうしても宣伝や発信が苦手な方は、どこかから請け負う形での仕事を副業にする道もあります。

②自分（の商品やサービス）に自信がない

「まだ経験が浅いから」「私のサービスでは申し訳ないので」「もっと準備してから

でないとダメだと思う」などと話す方がけっこういます。

しかし誰でも最初はあります。最初から自信満々という方のほうが珍しいでしょう。しかし、自信がなくても実践しなければ経験は増えません。慣れる日も来ないのです。まずはあなたを応援してくれる方から始めて、少しずつ経験と自信をつけていきましょう。最初は無料あるいは低価格のモニターとして協力してもらい、フィードバックを次にいかせるしくみを整えていきましょう。

③安売り／安請け合いしてしまう

早く売上を立てたくて安売りしたり、引き合いが来たらすべて引き受けてしまう方がいます。特に、いきなり脱サラした方は収入が途絶えたことで不安感が増し、焦ってしまう場合があります。

しかし、安売りにはあなたのブランド価値を下げるリスクがあります。安請け合いを続けると忙しすぎて体調を崩すリスクもあります。会社と違ってあなたの替えはききません。何のために独立起業したのか分からなくなってしまいますので、注意しましょう。最初はなかなか売上が立たないのがあたりまえと思って大きく構えていてください。

ここまで副業や独立について書いてきました。しかし、育児や家事、介護、ご自身の体調のことなどを考えると、いまは働き方を変えられる状況ではないという方もいることでしょう。そんな人は、いますぐ劇的に何かを変える必要はありません。未来を少しでもよくするために、**理想の稼ぎ方を人生の北極星として仰ぎ見ながら、自分のタイミングで一歩ずつ進んでいければ大丈夫です。**

参考までに、私が知っている事例を簡単に紹介します。

（事例１：副業）Ａさんの場合

Ａさんは40代の既婚女性。
子どもはなく、夫とふたり暮らしです。
新卒で正社員として入社した会社で働き続けています。一般職という職種のため転勤はないものの、昇進・昇格はあまり期待できそうにありません。今後、ＡＩが普及したら一般職の仕事がなくなるというニュースを読んで不安を抱えていました。

Aさんはビジョンシートをつくり、小さい頃から人の変化や成長に興味があったことを思い出しました。コーチングの学校に通って資格を取り、少しずつセッションを始めていきました。

現在は、キャリアコンサルタントの資格も取り、キャリア相談に強いコーチとして副業で活動しています。将来、もしいまの会社の仕事がなくなったとしても、コーチとして独立したら大丈夫と安心できるようになりました。

（事例2：独立起業）Bさんの場合

Bさんは20代の既婚女性。

転勤族の夫と双子の幼稚園児と4人暮らしで、家事と育児に専念しています。独身のときは正社員として働いており、また働きたいと思っているものの、時間的な余裕がなく、夫が数年ごとに転勤することもあり、正社員として採用してくれそうな勤務先はなかなか見つからず悩んでいました。

Bさんは安定して収入が得られる仕事として正社員を目指しましたが、理想の働き方と生き方について考えた結果、フルタイムで通勤するスタイルは合わないと判断しました。

もともとイラストを描くのが好きだったため、少し収入にできたらいいなという想いで作品をSNSにアップしたところ、依頼が届くようになりました。

子育てをしながらでも続けられそうということでウェブデザインについても学び、素敵なイラストを使ったウェブサイトのデザイナーとして独立起業されました。

（事例3：転職）Cさんの場合

Cさんは30代の独身女性。

相談を受けた当時、証券会社で営業職に就いていました。社内トップクラスの成績を維持するも、昇進するのは男性ばかり。そもそも経営陣も管理職も男性ばかりの会社です。

その会社での将来は、女性の自分には描きにくいと悩んでいました。

Cさんは性別にかかわらず納得できる処遇を希望し、外資系金融機関への転職を目指しました。英語を勉強し、働きながらMBA（経営学修士）を取得して、外資系の投資銀行に転職しました。現在では収入も肩書きもアップし、充実した生活を満喫されています。

副業が禁止の会社の人は……

これまでの日本では、厚生労働省が労働者の遵守事項として「許可なく他の会社等の業務に従事しないこと」と規定していました。大企業を中心に副業・兼業が禁止されていたのです。**しかし、２０１８年に同規定は削除され、副業・兼業について規定が新設されました。**「勤務時間外において、他の会社等の業務に従事することができる」という内容です。

しかし、就業規則でまだ副業を禁止している会社はあります。つまり法律ではなく、勤務先との契約で禁止されている状態です。

副業がバレても、過去の裁判例では本業に具体的な支障がなければ解雇できないとしていますが、社内では規則違反として問題になるかもしれません。さらに本業での秘密保持や競業避止に抵触する場合は、解雇の対象になりますので特に注意しましょう。

では、バレてしまうのはどういう場合でしょうか。

理由としてよくあげられるのは、副業の所得が増えて住民税が高くなった場合です。会社は通常、みなさんの給与から住民税を天引きして代わりに納付（「特別徴収」）しています。ここで急に住民税が増えると経理担当者が副業を疑うわけです。

ただ、確定申告を自分で行い、副業分の住民税については自分自身で納付する「普通徴収」を選べば問題ありません。こうすれば、本業で天引きする住民税は変わりません。ただ、住んでいる地域によっては選べないときもあるので、ホームページなどで調べてみてください。

具体的には、副業の所得（収益から経費を引いた後に残った利益）が20万円を超える方や、もともとふるさと納税をはじめその他の理由で確定申告をしている方は、**確定申告の際に確定申告書第二表の「住民税・事業税に関する事項」の「給与・公的年金等以外の所得に係る住民税の徴収方法」で「自分で納付」（普通徴収）の欄に○をすればOKです。**

後日、納付書が送られてきますので忘れずに納付しましょう。

副業の所得が20万円以下で確定申告の必要がない方は、お住まいの自治体の住民税担当部署で「普通徴収で住民税を納付したい」ことを申し出てください。不明点があればひとりで悩まず相談してみましょう。

私は、住民税の手続きをきちんとすれば、副業がバレることはないと思っています。**副業がバレる大きな理由は、副業をしているところを目撃された、ＳＮＳの発信で個人を特定された、ひとりに話したら社内で広まってしまったなどということです。**また、本業の勤務状況に支障が生じて問い詰められて……といった話も聞いたことがあります。

自己投資なくして、安定したお金の道はありえない

繰り返しになりますが、私は自己投資を強くすすめます。自己投資が、最小のリスクで最大のリターンが得られることはもう述べました。

学ぶために学校に通ったり資格を目指したりすることにより、自分の価値を高めることができます。自分の取り組み次第で、昇給や昇格、起業などを通じて収入を大きく増やせる可能性もあります。それに、自分が好きなことを学べることは、自分の人生にとっても大きな喜びです。

一方、金融投資には常にリスクが伴います。金融投資ではリターンがプラスになるかマイナスになるか事前に当てることはできません。

自分ではコントロールできない環境の変化や突発的な事象で投資資産の価値が毀損することがあります。知識がないまま投資を始めると、リスクは増大してしまいます。

岸田首相は政権発足時より「資産所得倍増計画」を掲げ「貯蓄から投資へ」の流れを推進しています。高校で金融教育を義務化したり、２０２４年１月からＮＩＳＡ制度を拡充するなど、金融投資を推進する流れを整えつつあります。国が推進するということでお得なこともあるので、勉強して、こうした流れに乗って金融投資に取り組むことも大切です（詳しくは第４章参照）。

しかし、投資は前もって確実に結果を予測できるものではありません。

だからこそ、まずは自己投資に取り組むことをおすすめしたいのです。**自己投資なくして、安定したお金の道はありえません。**

では、どうすればいいのでしょうか。

自己投資の仕方はいろいろありますが、大学や大学院に入学したり、大学の主催する社会人向け講座に通ったりするのもよいでしょう。

オンラインで海外の講座に参加することもできます。なかでもＭＯＯＣｓ（Massive Open Online Courses）と呼ばれるプログラムはおすすめです。世界各国の有名大学の講座をインターネット上で無料受講することができます。

海外留学しなくても資金がなくても、時間さえ確保できれば高品質の講座を受講することができます。

COLUMN

臨時収入は、未来の自分への贈り物に

臨時収入が入ったとき、あなたはどうしていますか？

もちろん、こうしなくてはダメ！　という決まりはありません。自分の今後に役立てられそうな使い道がいちばんいいでしょう。

では、具体的にどんなところに気をつければいいでしょうか。

ポイントはふたつです。

ひとつ目は、臨時収入があったときには、収支表の中で臨時収入として分けて記録することです。

あとで分かりやすいように記しておきましょう。

ふたつ目は、臨時収入をどのように将来に生かすかという視点です。

ここで、自分なりのルールをあらかじめ決めておくといいでしょう。

臨時収入があったら貯蓄や投資にまわすとか、自己投資に使うなどと決めておくのもいいです。自分の心やカラダが喜ぶことに使う方法もあります。あなた自身を満たしてエネルギー量を増やすことが未来への活力につながるからです。

臨時収入は一時的な収入です。いつでも期待できるものではないことを頭の隅においておいてください。

ボーナスを住宅ローンの返済原資とする場合がありますが、あまりおすすめできません。**何十年も先までボーナスが支給され続ける保証がないからです。**無理のない返済計画を立てるようにしてください。

COLUMN

日本型雇用について

日本型雇用とは、労働者が自分の裁量権を会社側に引き渡す代わりに、定年までの雇用が確保されるというものだということはお伝えしてきました。大企業を中心にみられるこうした雇用のあり方が全体に波及し、地元密着型で転勤や異動がない中小企業においても、終身雇用かつ年功賃金のため、長く勤めるほど待遇がよくなる傾向がみられます。

日本型雇用が色濃く残る業界のひとつとして、金融業界があります。

次のページの図の上側に、金融機関の組織イメージをまとめてみました。

総合職として採用されると、定期的な異動や転勤を通じてさまざまな部門・職務を経験し、キャリアアップしていきます。競争に勝ち残ったわずかな人々が最終的に役員となり、経営を担うピラミッド型の組織です。

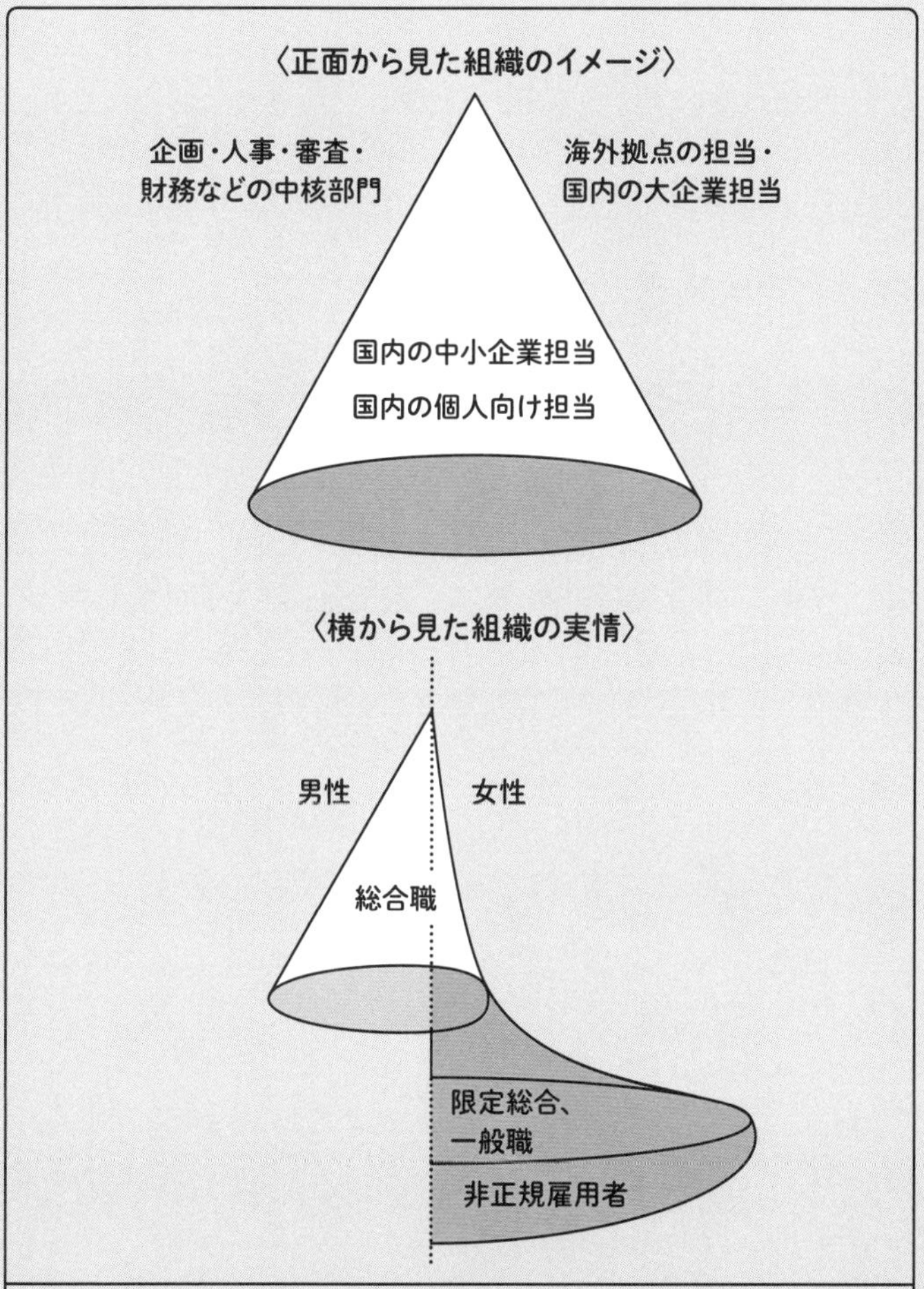

日本型雇用の組織のイメージ図

１９８５年の男女雇用機会均等法成立以降、職場での男女差別は禁止されています。しかし、職務区分を設定すれば待遇が違っても男女差別ではないとしました。つまり、結果としての平等は残念ながら実現されていません。

ここで、前ページのピラミッド型組織の現実を見てみましょう。それが、下の図です。これまでと異なる景色が見えてきます。

表側（左側）には総合職男性、裏側（右側）には総合職女性がいます。その下に、地域限定の総合職や一般職の女性、さらに欄外には非正規雇用の女性が安価で便利な労働者として存在します。

つまり、主に女性のみが階層化され待遇には大きな格差がつけられています。

職務区分により待遇は大きく変わります。どこで働くかよく考えてから決める必要があります。

COLUMN

あなたはインポスター症候群になっていないか

インポスター症候群という言葉があります。能力が高く、社会的にも成功しているのに、自分の能力は成功に値しない、単に運がよかっただけだと思い込むことです。

この症状を持つ人は、自分のことを詐欺師（＝インポスター）のように感じていることから、１９７８年に心理学者のポーリン・R・クランスとスザンヌ・A・アイムスによってインポスター症候群と名づけられました。

みなさんのまわりにも、高い能力を持ち実績を上げてきたにもかかわらず、自分の成功は誰かのお陰で幸運に恵まれただけだと繰り返す人がいるのではないでしょうか。実は、社会的に成功した女性に多く見られることが分かっています。

謙遜しているだけならいいのですが、インポスター症候群になり、自分への信頼感や自己効力感が低くなると、生きづらくなります。

インポスター症候群だと、独立起業してすばらしい商品やサービスを提供していても、低い価格を提示してしまったり、昇進や昇格を打診されても「自分には無理」と断ってしまうことがあります。

自分に対する自己評価を、ぜひ定期的に確認してみてください。

親しい友人に自分の印象について聞いてみてもいいでしょう。

大切なのは、自分で自分を正当に評価できることです。

自分の価値を低く見積もり続けると、一生のうちに手にできる機会や生涯賃金が大きく変わってしまいます。 自身の達成を肯定できるように過ごしていきましょう。

もし「私は自分の価値を低く見積もる傾向がある」と思ったなら、それは、社会や組織の構造の問題だと考えてみてください。ひとりで悩んだり、自分を責めたり、今の立場を諦めたりしないでください。社会に、このような構造問題があることを知った上で、まわりに助けを求めてください。

COLUMN

職場での男尊女卑には
やはり注意をする

ミソジニーという言葉を聞いたことがありますか？

これは、家父長制に従わない女性を罰する言動を指す言葉です。日本語では、女性嫌悪や女性蔑視と訳されるため、女性が嫌いな男性を指す言葉と思われがちですが、ミソジニーでは、すべての女性が嫌いなわけではありません。また、男性だけが持つ考え方でもありません。興味のある方は、オーストラリア出身の哲学者ケイト・マン博士の著書『ひれふせ、女たち：ミソジニーの論理』（慶應義塾大学出版会、２０１９年）を読んでみてください。

ミソジニー的な言動は悪意を感じさせるものから、一見すると好意的なものまで多岐にわたります。また、家父長制に従う生き方をする女性から、ミソジニー的な攻撃を受けることもあります。

職場でこうした扱いが続くと、女性の働く意欲は減退し、能力を発揮しにくくなっていきます。自分の職場にはないと思っていても、思わぬ瞬間に顔を出すことがあります。覚えておいてください。

職場の構造の問題を知り、昇進、昇格を目指そう

昇進・昇格とともに賃金は上昇することをみなさん知っていると思います。お金だけではなく、意思決定できる範囲も広がります。働き方として会社員を希望し、給料も増やしたいと思っている人は、ぜひ昇進・昇格を目標にしましょう。

「女性は管理職やリーダーになりたがらない」という言葉があります。

内閣府が実施した「女性の活躍に関する世論調査」（平成26年度）に興味深いデータがあります。

女性の活躍を進める際の障害として、女性がより強く感じている理由に、「保育などの家族の支援が不十分」「上司等の男性や顧客が女性リーダーを希望しない」などがあげられています。

一方、男性がより強く認識している理由は「必要な知識や経験を持つ女性が少ない」

「女性自身がリーダーになることを希望していない」などとなっています。

もちろん、すべての人がリーダーを目指しているわけではありません。目指さなくてはいけないわけでもありません。

しかし、就職したときは、男女ともにリーダーになりたい人がいるのに、勤務した年数が伸びると女性の意欲が低下していくという調査結果もあります。

中央大学大学院戦略経営研究科で実施した研究プロジェクトでは、「できるだけ早いペースで管理職に昇進したい」と「自分なりのペースで管理職に昇進したい」と回答した人を合わせて「昇進意欲がある」ととらえて男女別に集計しました。

入社時に「昇進意欲がある」と回答した男性は46％、女性は38％でした。その後、キャリア形成するうえで大切な入社後5年〜10年未満で「昇進意欲がある」と回答したのは男性が53％、女性が28％でした。男性は7ポイント増えた一方、女性は10ポイント減少してしまったのです。

昇進意欲は仕事内容だけでなく、上司や同僚、顧客とのコミュニケーションなどさまざまな要因によって変化します。

女性の場合、身近にロールモデルが少なかったり、女性リーダーには女性らしい振る舞いとリーダーとしての役割の両方を求めるダブルバインドの問題もあります。女性がリーダーになるためには、男性よりも乗り越えなくてはいけない壁が幾重にも存在しています。

何かにつまずいたとしても、それはあなた個人の問題ではないかもしれません。女性のまわりには、こういった構造問題があるということを知っているだけでも、きっと力になります。

COLUMN

生存戦略としての「名誉男性」

「タバコ部屋で知らない情報が共有されていた」「男性同士で話が進んでいる」といったことはありませんか？

男性が多い企業や組織では、オールド・ボーイズ・クラブ（オールド・ボーイズ・ネットワーク）と呼ばれる排他的な人間関係が構築される傾向にあります。**女性はこうした男性同士のつながりに加わりにくく、オールド・ボーイズ・クラブを通じて交換される非公式情報や暗黙の了解を知ることが難しいです。**

こうした構造は、組織であるかぎり起こることなので、変えることは難しいです。そのため個人でどうそれに立ち向かうか、生存戦略を考えていくうちにさまざまなタイプの女性が生まれることが分かっています。

まずは「名誉男性」と呼ばれる存在です。

名誉男性とは、女性だけれど、男性と同じ価値観であることを強調し、オールド・ボーイズ・クラブの末席を得る生き方です。他の女性の邪魔をする言動で、男性から重宝がられる人もいます。

こうした状況をとりあげて、「女性の敵は女性」として女性が分断されることもあります。名誉男性となった女性を責める傾向もあります。

しかしこれは、個人の問題ではなく、組織の構造によって起こる問題です。

他にも、組織に属するために、「お母さんキャラ」「癒しキャラ」などの選択肢もありそうです。

いずれも、「私は男性の敵ではないですよ」という姿勢を見せながら、自分の居場所を確保することを目的とした生存戦略です。

自分がマイノリティになったとき、人は気をつかいます。よく、「女性は気がきく」と言う人がいますが、すべての女性が生まれつき気がきくというわけではありません。マイノリティの立場にあるため気をきかさざるを得ない場合が多いのです。マジョリティの立場にある人（＝特権性を持つ人、自分で「選べる力」を持っている人）は日々の生活を自然体で過ごすことが可能です。**自分は組織で生存するためにどういうキャラがいいか考えたことがないと思った方は、自然体で暮らせるという特権を持っている可能性があります。**

chapter 4

むりのない
投資で増やす

投資とは、「車の運転」のようなもの

投資のはじめの一歩は、あなたらしい投資スタイルを見つけることです。

「あなたらしさ」とはなんでしょうか。

投資は、自分が出せる金額や価格が下がったときにどれだけ性格的に耐えられるか、また、その後のモニタリングにどのくらい時間をかけられるかを最初に知っておくことが大事です。無理をすると、面倒になったり、よく分からなくなったり、思わぬ損をしたりします。

「投資はなんだか怖い」と思う人はいないでしょうか？　その感覚は、ある意味正しいです。ただ、必要以上に怖がっている人も多い気がします。

私のイメージだと、「車の運転」のようなものでしょうか。**免許をとるように、正しい知識と訓練さえあれば、日常生活でなくてはならない味方になるものです。**まずは自分に無理のないように、事故なく運転しやすい設定にすることが「正解」です。

投資をする人だけが見られる世界がある

この章からは、いよいよ投資を通じて資産を増やす方法をお伝えしたいと思います。

まずは、投資を通じて私たちが何を得られるのか見ていきましょう。投資をすれば、増えるのはお金だけではありません。

①資産を増やせる機会
②世の中を知る機会
③経営者の視点を理解する機会

投資には、何が必要でしょうか。それは、経済や金融、経営などの知識です。**自分が投資をしたお金の流れをたどると、商品やサービスのやり取りが見えてきます。そ**

れと共に、背景にある人々の嗜好や暮らしの様子、企業や団体、政治や社会の動きなども明らかになってきます。

お金や投資について学ぶことで世の中を知る機会を手にすることができます。

こうした知識は、さまざまな分野で役立ちます。

自分自身のキャリアを選ぶときに直接的に役立つでしょう。マーケティングや戦略立案にも効果的です。経営者としての視点も身につきます。

私の主催する投資講座の受講生には、その後起業して自分でビジネスを展開している方もいます。企業の管理職や社外取締役として経営の知識を活用している方も多く参加しています。

投資のスタイルはざっくりふたつ

この章のはじめに、投資とは車の運転のようなものであると書きました。もう一度その例えを使いたいと思います。

運転免許を取得するとき、オートマ限定かマニュアル（マニュアル車もオートマ車も運転可能な免許）かを選ぶ必要があります。オートマ車はアクセルを踏むと自動的に変速をしてくれるうえ、免許をとるのも安く、短期間で取得できるため人気があります。

一方、マニュアル車ではドライバー自身がクラッチペダルを踏みながら手元のシフトレバーを操作してギアチェンジします。クラッチ操作に慣れるまで面倒かもしれませんが、車が好きで運転操作自体を楽しみたい方には「人馬一体となれる」喜びが感じられるかもしれません。

投資の場合も大きくふたつの方法に分かれます。

ひとつは、投資信託を購入して細かい運用はプロに任せる方法です。

運転でいうとオートマ車に相当します。**好みの投資信託を選んで購入したら、あとはその投資信託の担当者がみなさんのかわりに株式などの投資商品を売買してくれます。**はじめて投資に取り組む方におすすめです。投資信託についての詳細は後ほど説明します。

もうひとつは、投資信託を経由せずに自分で直接売買する方法です。

これは、自分で企業分析や投資判断を行う必要があります。自分で管理できるようになるための知識や練習が欠かせません。

マニュアル車と同じです。最初は面倒に感じたり怖いと思われたりする方もいますが、慣れれば大丈夫です。

学び続けて自分で直接運用できるようになると、世の中の構造や流れが見えてきて面白くなる方も多いです。まさに投資の醍醐味といえましょう。

まずは自分が投資する商品がハイリスクなのか、ローリスクなのか把握する

投資には、リスクとリターンがあります。

リスクとは、第1章でもお伝えした「不確実性」のことです。儲かっても、儲からなくても先が読めないことを「リスク」と言います。

一方、「リターン」とは得られるもの、収益（または収益率）のことです。たとえば、１００万円を投資して１年後に１０５万円になったとしましょう。（１０５－１００）÷１００＝５％ですので、収益は5万円、収益率は5％となります。

なお、「リターン」は利益が出たときだけでなく、損失が出たときにも使われます。先ほどの例でもし1年後に95万円になっていたら、収益は（95－１００）÷１００＝－５％ですので、収益はマイナス5万円、収益率はマイナス５％です。

リスクとリターンの特性は商品により異なります。

債券より株式のほうがハイリスク・ハイリターンになる傾向があります。また、ど

こに投資するか、地域や通貨などによる違いもあります。

あなたが投資をするときに、「これはどのくらいのリスクか、どのくらいのリターンか」をまず考えることが大切です。また、それを把握して上手に選択、組み合わせていくことも基本になります。

参考までに次のページにイメージ図をつくってみました。

共通項として見られるのはローリスクの商品はローリターン、ハイリスクの商品はハイリターンが期待されやすいことです。

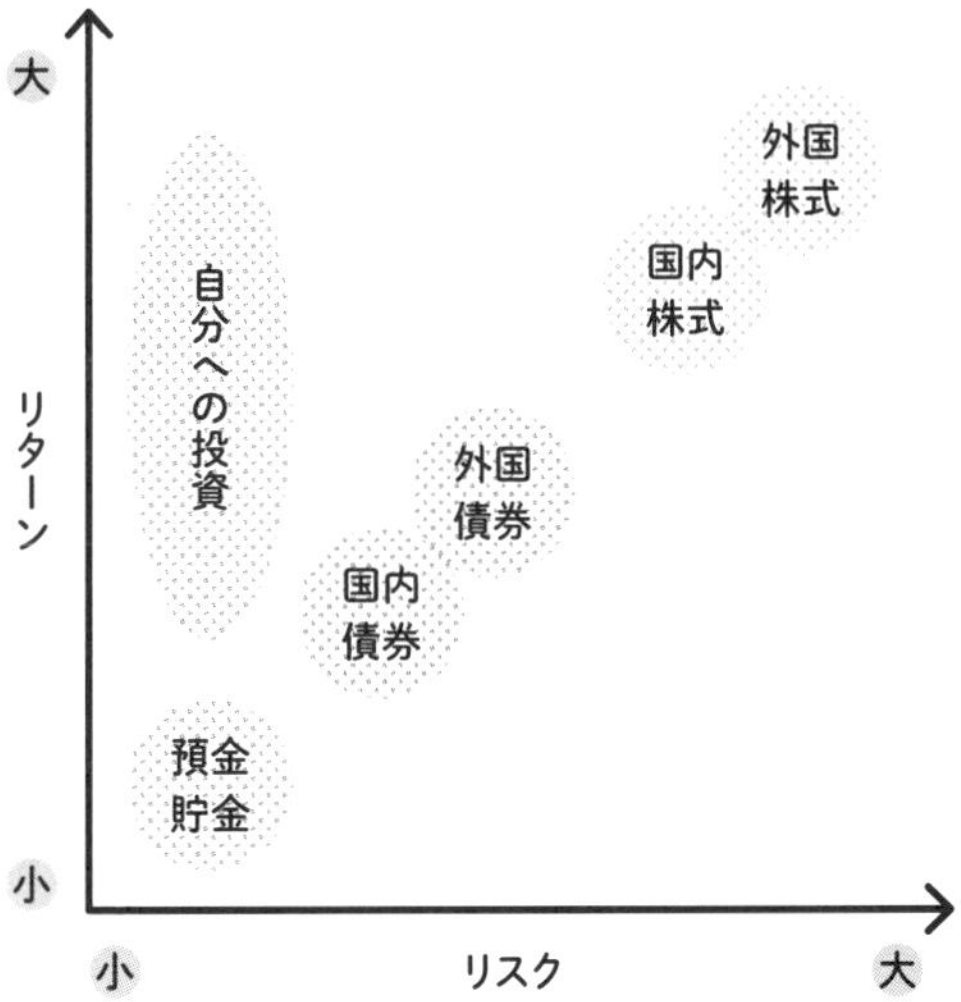

投資ジャンルのリターンとリスクのイメージ

「時間」「知識」「リスクにどれだけ耐えられるか」の3つで投資をどうするか決めよう

投資の知識や経験、投資のために使える時間やエネルギーは人により異なります。

投資だけがお金を稼ぐ方法ではないのは、これまでの章で説明してきたとおりです。

「貯める」「稼ぐ」を組み合わせながら、あなたにいちばん合う方法を見つけることが大切です。

知るべきは、「どれだけのリスクに耐えられるかを表すリスク許容度」です。

では、あなたのリスク許容度を知りましょう。

まずは「知識・経験」と「時間・エネルギー」をふたつの軸とした場合の投資スタイルについて簡単なイメージ図を見てみましょう。

あなたは、どの枠になりますか？

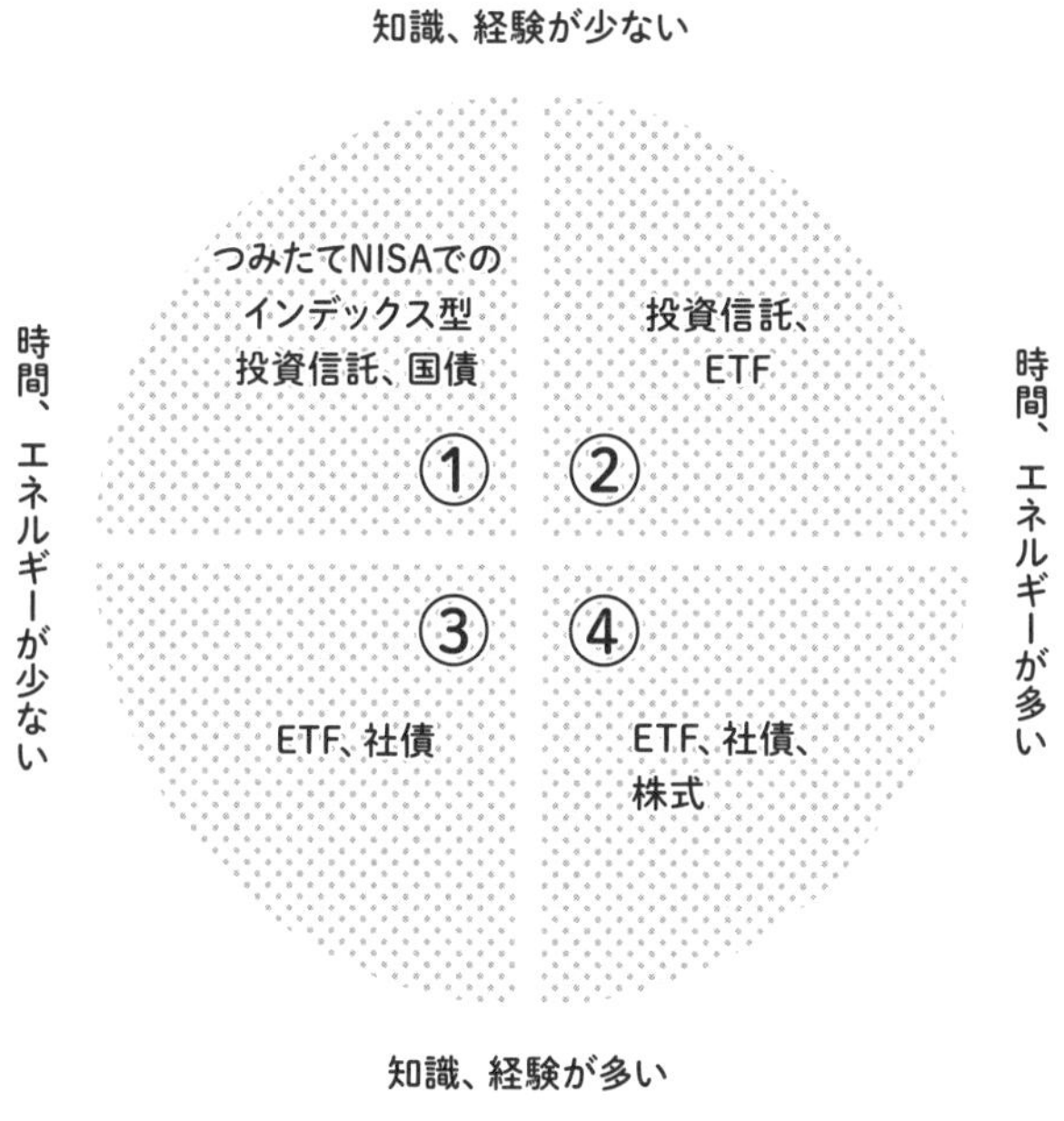

あなたにはどの投資スタイルがあっていますか？

初心者は、左上の①が多いでしょう。つみたてＮＩＳＡのインデックス型の投資信託から試してみましょう。もう少し投資対象を広げても大丈夫そうでしたら、②のように自分の好きなタイミングで売買できるＥＴＦにも取り組んでみてください。投資信託とＥＴＦについては後ほど詳しく説明します。

さらに、個別企業の経営や財務に関する分析ができるようになってきたら、③や④にあるような個別企業の社債（企業などが発行する債券）や株式への投資を試してみましょう。

投資は最初に買うときだけでなく、**その後に追いかけていくことも重要です。**せっかく買ったのに、その後のモニタリングができないことにより損をするのは避けたいところです。

投資にかけられる「時間・エネルギー」と自身の「知識・経験」に加えてリスク許容度も重要です。これらを総合的に考えながら「これだったらできる！」という、自分にあった方法を見つけましょう。

投資とギャンブルはまったく別物

ここでは、そもそも投資とはどういうことかについて確認しておきたいと思います。

みなさんは投資についてどんなイメージを持っていますか？

ポジティブな印象を持つ方もネガティブな印象を持つ方もいることでしょう。

おもしろいのは、投資は怖いと敬遠していても宝くじは買う方が意外に多いことです。

宝くじは身近なものですが、宝くじの還元率（宝くじの販売総額に対する当選金合計額の割合）は45％程度しかありません。売上金の半分以上が公共事業に利用されたり、広告宣伝の費用や印刷代などとして使われるため、他の公営競技やパチンコなどと比べても、そもそも配当金に回るお金が少ないのです。

還元率が45％ということは、1万円投じても4500円しか回収できないことを意味します。

一等が当たれば一気に数億円を手にできますが、当選確率が極めて低い勝負です。自分で工夫して当選確率を上げることはできません。ギャンブルなのです。

一方、金融商品への投資は決して運任せではありません。**正しい知識と適切な管理方法を知ればリスクを抑えられます。**学ぶことで世の中を知ることもできます。投資はギャンブルと異なり、懐も知的好奇心も満たせる可能性にあふれています。

かといって、楽に確実にもうけられるほど簡単でもありません。

私がかつてファンドマネージャーとして働いていたことを話すと、「簡単にもうけられる方法を教えて」と頼まれることがあります。しかし、残念ながら、そんな方法はありません。**プロの投資家は、毎日長い時間とエネルギーをかけて市場や投資先を分析しています。それでも確実にもうけ続けることは難しいのです。**

何度も繰り返しますが、投資をするためには学ぶ必要があります。自分で理解して運用する場合はもちろん、誰かに頼む場合も丸投げにせず、最終判断は自分ですることが大切です。

　また、分からないものに投資することも、一気にギャンブルになってしまいます。たとえば、新興国の投資信託を買うとしましょう。その場合、その国の経済や法制度などの知識がなくて買ってしまったなら、ギャンブルと同じになります。

　特に、「楽にもうけられる」、「みんなが知らない」とされるもうけ話には裏がある可能性もあります。詐欺かもしれません。インサイダー情報であれば逮捕されてしまいます。自分だけが得をできる話は、転がってはいません。「おいしい話」にはくれぐれも注意してください。

投資の鉄則：10ケ条

投資の世界は、とても広いです。株式や債券など種類は幅広く、地域や通貨もさまざまです。

商品のしくみもシンプルなものから複雑なものまで多岐にわたります。それぞれの商品特性によりリスクの大きさも変わってきます。

最初に確認してほしいポイントを「投資の鉄則：10ケ条」としてまとめてみました。

①余裕資金で始める（生活資金には手をつけない）

②信頼できる情報源を持つ

③理解できるまで確認する（理解できないものには触らない）

④投資に関する無意識のバイアスに注意する

⑤手数料・管理費用などのコストを確認する
⑥自分で判断する
⑦リスクの低いものから始める
⑧少額から始める
⑨集中投資を避けてリスクを分散する
⑩一喜一憂せず中長期的に構える

まずはこの10ケ条です。

リスクがいちばん低いのは、個人向け国債

投資を始めたい場合、リスクの低い商品から少額ずつ試してみるといいでしょう。初めての方はまず日本の個人向け国債の購入はどうでしょうか。

個人向け国債を買うことは、その国にお金を貸すのと同じです。

国債は１年以上保有すると、元本割れすることはないので、リスクは少ないです。途中で売却して換金することもできます。国が発行しているのだから、元本保証されているのと実質的には同じだと考える方もいます。

ただ、預貯金の場合は、預け先の金融機関が破綻した場合、預金保険制度の対象となる預金については１０００万円まで保護されますが、個人向け国債には預貯金のような保護はありません。そのため、預貯金よりも少し高めの金利が設定されることが一般的です。

たとえば、２０２３年10月に募集された5年ものの国債の金利（表面利率）は年

0・3%。一方、10月末時点でのメガバンク3行の5年定期の預金金利（300万円未満）は0・002%でした。

個人向け国債は銀行や証券会社などで購入できます。販売を手掛ける金融機関だけでなく、財務省のウェブサイトにも情報があります。

手軽に始めたい方は、すでに口座のある銀行の窓口で相談することをおすすめします。個人向け国債の購入を考えていると伝えると、商品の特性や具体的な購入の方法を丁寧に説明してくれるはずです。

もちろん証券会社に口座を持っている人もそこで買えます。持っていない人でも、将来、投資信託や株式などの購入を考えている方は、この機会に証券会社に口座を開いて、個人向け国債の購入から始めてみてもいいでしょう。

個人向け国債は3年、5年、10年の3タイプから選べます。金利は固定と変動があります。期間や金利については好みのタイプを選んでください。

期間と金利に関しては、これから「金利が上がる」と思ったら、変動金利の10年債にすると、世の中の金利上昇とともにもらえる利息が増えていくでしょう（変動金利には10年債しかありません）。もし上がらないと思ったら、固定がいいでしょう。

個人向け国債の主なリスクは日本国が破綻して国債の返済（償還）が滞ることです。国が破綻《はたん》しない限り元本は保証されますので、投資は怖いけれど預貯金より少しでも高い金利が欲しい、ほかの投資よりリスクが低いものを選びたいという方におすすめです。

リスクを取って投資するなら、まずは投資信託

次の段階として、投資信託を検討してみましょう。後ほど詳しく説明しますが、初めての方は、「インデックス型」の投資信託をＮＩＳＡ制度の「つみたて投資枠」のなかで積み立てていくことをおすすめします。

投資信託とは、投資家から集めたお金をひとつの大きな資金としてまとめ、投資の専門家が投資家の代わりに運用する商品のことです。その成果が投資家に分配されます。

このしくみにより、ひとりでは買えないような商品が少額から買えますし、専門家に運用・管理を任せられるため初心者でも取り組みやすいです。

投資信託には、インデックス型、アクティブ型、バランス型などがあります。

インデックス型とは、日経平均株価（日経２２５）やスタンダード・アンド・プアーズ５００種指数（Ｓ＆Ｐ５００）などの、市場の平均的な動きと連動した運用のことを言います。これはざっくりと、「選んだ市場全体に投資する」イメージです。

たとえば、日経平均株価は日本経済新聞社が東京証券取引所に上場する代表的な２２５社を選び、平均的な株価を算出したものです。日本全体での代表的な企業の平均的な株価を表しているといえます。

あなたが日本株に期待できそうと思ったら、日経平均株価や東証株価指数に連動する運用スタイルの投資信託を購入するとよいでしょう。

アメリカの株が期待できそうと思ったら、ダウ工業株30種平均（ＮＹダウ）やＳ＆Ｐ５００に連動する投資信託を選んでみてください。

代表的な指数は次の表の通りです。

日経平均株価（日経225）

東京証券取引所プライム市場（2022年4月1日までは第一部）に上場する株式のうち取引が活発で流動性の高い225銘柄で構成する平均株価指数。日本経済新聞社が算出、公表している。

東証株価指数（TOPIX）

主に東京証券取引所プライム市場に上場する銘柄を基本として構成する指数。1968年1月4日の時価総額を100として算出している。

ダウ工業株30種平均（NYダウ）

ニューヨーク証券取引所やナスダックなどに上場する米国の代表的な30銘柄で構成する平均株価指数。

スタンダード・アンド・プアーズ500種指数（S＆P500）

ニューヨーク証券取引所やナスダックなどに上場する米国の代表的な500銘柄で構成する指数。1941年から1943年における平均指数を10として算出している。

MSCIワールド・インデックス

世界の先進各国の株式を対象とした株価指数。新興国は除外。米国のMSCI Inc.が算出している。

押さえておけばいい代表的な指数

次ページの図は、アメリカの代表的な企業30銘柄で構成するＮＹダウの１９８９年以降の推移です。

リーマンショックやコロナショックなどで一時的に株価が下がるときはあっても、**全体としては右肩上がりで推移していることが分かります。**もしＮＹダウに連動するインデックス型の投資信託に長期投資をしていたら、かなりの運用成果を上げられた可能性があることが一目瞭然です。このように、長期でインデックス型の投資信託を持っておくと、一度下がったとしてもトータルでは利益が出ているということが分かります。

インデックス型の投資信託は低コストで少額からの投資も可能です。個別の株式のように自分で企業の経営や財務を分析する必要もありません。

「投資信託とは言っても、その内容はより低リスクのものがいい」
「株と組み合わせてリスク分散できる商品が欲しい」
と考えるなら、国債などの債券を投資対象とするインデックス型の投資信託がおす

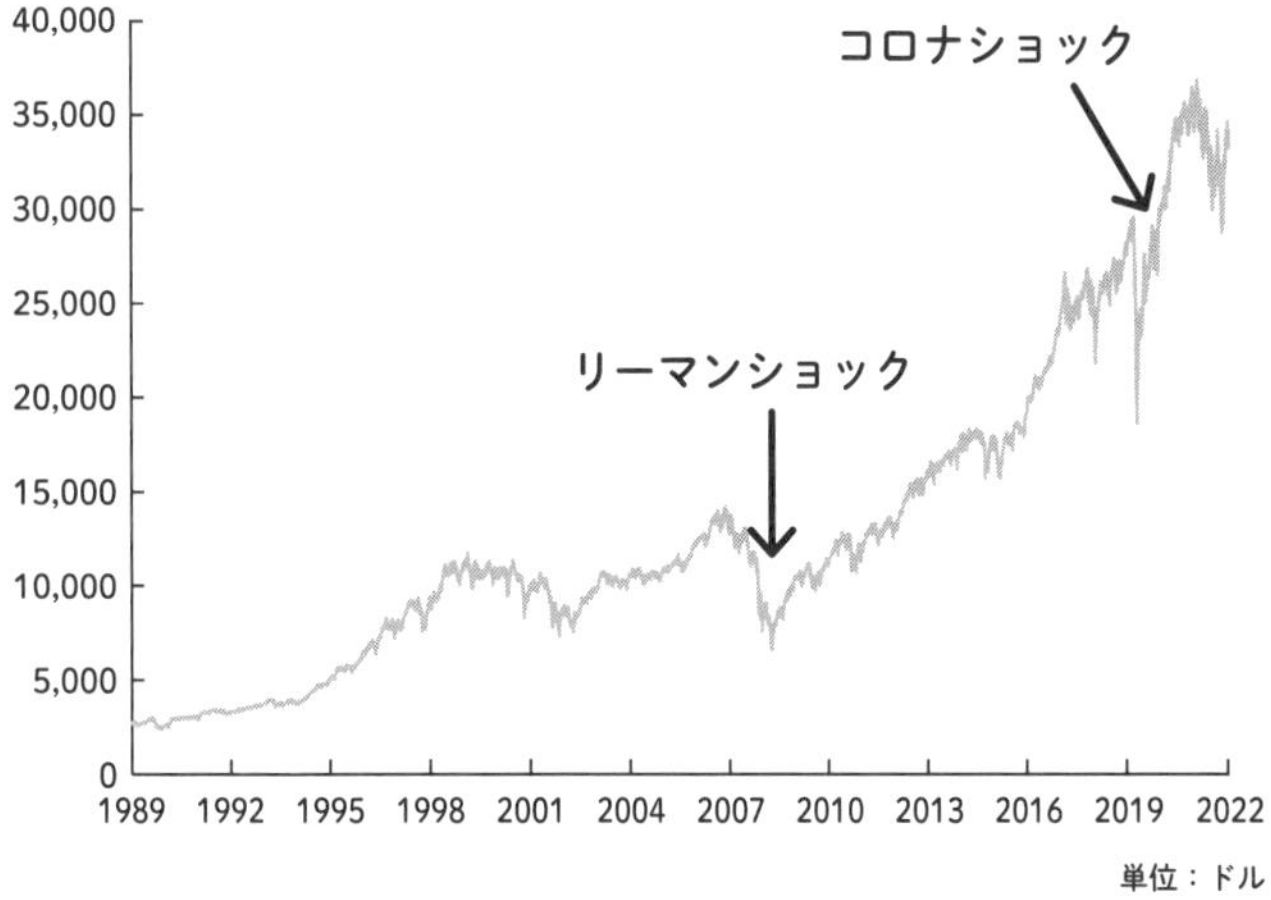

出所＝『お金以前』のデータを基に筆者作成

約30年のダウ平均株価の推移

すめです。**債券は、金利が上昇したときに価格が下がりやすい傾向はありますが、それでも株式よりもリスクが低いからです。**

投資信託には上場しているタイプ（上場投資信託、ＥＴＦ（Exchange Traded Fund））と上場していないタイプがあります。一般に投資信託という場合、上場していないタイプを指すことが多いです。

ＥＴＦとそれ以外の投資信託の分かりやすい違いは、価格の決まり方にあります。ＥＴＦは証券取引所に上場しているため、リアルタイムで取引できる一方、上場していない投資信託は購入申し込みの後で、１日１回定められた基準価額で売買します。ＥＴＦの場合は１口１００円からといった定期買い付けはできません。分配金の自動再投資もできません。

そもそも、ＮＩＳＡのつみたて投資枠で購入できるのは上場していない投資信託がほとんどですので、初心者はまずはインデックス型の上場していない投資信託の購入を検討することになるかと思います。

どちらにせよ、慣れないうちは、インデックス型を選ぶようにしましょう。ＥＴＦは、自分がいいと思ったタイミングで買う楽しみがあるので、**慣れてきたところでチャレンジすれば投資のおもしろさも感じられるかもしれません。**なお、東京証券取引所で売買されているＥＴＦについては日本取引所グループのウェブサイトで一覧できます。

また、アクティブ型とは、市場の平均値を上回るリターンを目指す運用スタイルのことです。独自の調査や運用を行うため、インデックス型よりも手数料が高くなる傾向があります。

バランス型は複数の資産をセットにして運用するため、ひとつの商品で分散投資ができる一方、運用成果が分かりにくかったり手数料が高くなる場合もあります。せっかく運用成績がよくても手数料が高ければ手元に残るリターンは減ってしまいます。手数料や税金などのコストは毎回確認していきましょう。（投資の鉄則：10ケ条⑤）

まずはインデックス型がおすすめです。

ETF
（上場投資信託）

東京証券取引所などの取引所に上場している投資信託。Exchange Traded Fundの略。取引所を通して取引されるため、株式と同様に市場が開いている間はリアルタイムで取引できる。インデックス型もアクティブ型もある。

インデックス型

日経平均株価やS＆P500など指数の動きに連動する運用成果をめざす投資信託。インデックス型は市場の動きと連動するため値動きが分かりやすい。

アクティブ型

指数を上回る運用成果をめざす投資信託。運用担当者がさまざまな調査や分析を行いながら独自の運用をするため、インデックス型よりも信託報酬（運用管理費用）が高い傾向がある。

バランス型

国内外の株式、債券など複数の投資対象をセットにして運用する投資信託。1商品で分散投資ができる。

投資信託のスタイル

基本的に、投資は「分散」する

投資というと株の購入を想像する人も多いかもしれません。株を購入することは、その会社に出資してオーナーのひとりになることを意味します。

株の購入には会社の成長を応援しながら株価の上昇を期待する楽しみがありますが、ある程度まとまったお金が必要なうえ、投資先に万一のことがあれば大きな損を抱えるリスクもあります。

一方、投資信託を通じて株に投資する場合は、プロの運用担当者が私たちから預かった資金をたくさんの会社の株に分散して投資してくれます。ひとつの投資信託を買うだけで多くの会社の株を少しずつ買ったのと同じ効果が得られるわけです。

たとえば、あなたが投資にまわせる余裕資金を１００万円持っていたとしましょう。

A社の株を１００万円分買う場合と、１００社の株を保有する投資信託に１００万円分投資する場合を比べてみると、それぞれのリスクはどうなると思いますか。

　分かりやすくするために、投資信託ではA社を含む１００社の株を同額ずつ保有していると仮定します。つまり、A社株の割合は１％だけになります。

　答えは簡単ですね。投資信託ならA社の業績が悪化したり倒産しそうになっても、その影響はたったの１％です。一方、A社を株式投資で１００万円買っていたら、１００％の影響を受けます。

　投資信託は、「分散投資の効果」が大きく、リスクを回避しやすいのです。

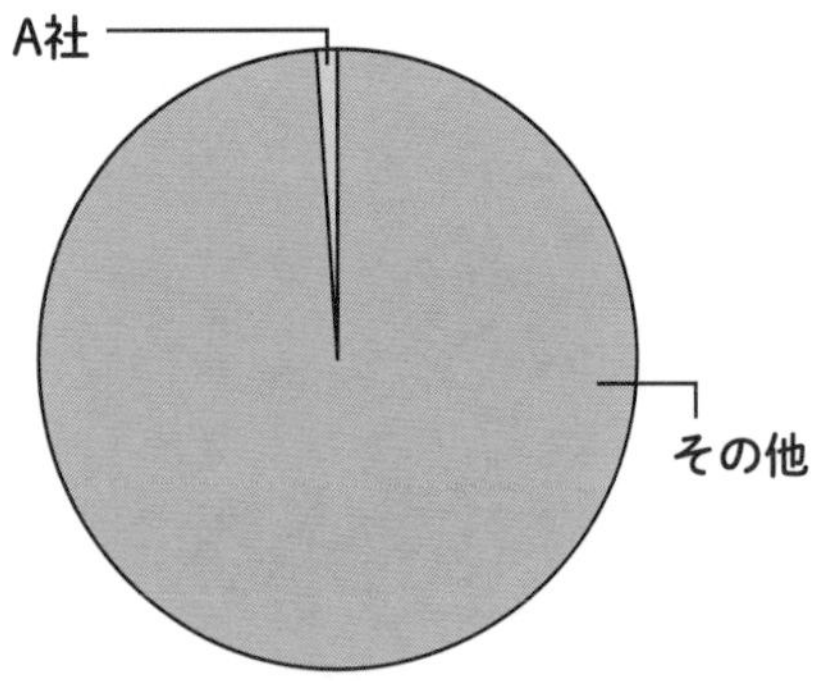

投資信託だと、リスクが分散される

投資信託の運用対象には株式のほか、債券や不動産などもあります。債券を買うことは、債券を発行した相手（国債なら国）に、お金を貸すことと同じです。**国債や社債（会社が発行する債券）は株式よりリスクが低く、安定運用を目指す方におすすめですが、ひとつ注意点があります。**日本国の発行する個人向け国債には実質的に元本は保証されると書きましたが、機関投資家（プロ）向けの国債は対象外です。金利が上がったときに途中で売却すると元本割れすることがあります。

つまり、債券を組み入れた投資信託を購入すると、金利が上昇していった場合に、基準価額が下がってしまう可能性があるため注意が必要です。

まずは個人向け国債から始めてインデックス型の投資信託へと徐々に投資対象や金額を増やし、知識と経験を蓄えてください。**自分がどこまでリスクに耐えられるか確認していきましょう。**

分散投資でリスクを抑えてという話を書きましたが、まったく知識がないままだと思わぬリスクを抱えてしまう可能性があります。しっかり確認しながら自分で理解できる商品を購入することが大切です。

インターネット上には「Ｓ＆Ｐ５００に連動した投資信託を買っておけばいい」とか、「特定の投資信託に積み立てるだけでＦＩＲＥできた！」などといった情報があふれています。

投資信託は、個別の会社に投資するよりは分散されているものの、たとえばＳ＆Ｐ５００に連動した投資信託だけを買っていたら、アメリカに何かあったときはマイナスの影響は免がれません。

その意味からも一社だけ、一業界だけ、一部地域だけといった集中投資はできるだけ避けましょう。**特に投資対象の分析やモニタリングに時間をかけられない方ほど、より細かく丁寧に分散してください。**

投資に使えるお金は1年分の生活費を引いた額

「資産ポートフォリオ」という考え方があります。

自分が持っている預貯金や、投資対象などの資産すべてをまとめたものです。資産ポートフォリオをつくることにより、自分が何に投資をするかを決めたり、その後のモニタリングができます。

ここで、大まかな流れと考え方について説明します。

まず、つくる前に下準備です。それは、**自分が投資に使える額を確認することです。**

使える額とは、1年分の「生活資金」を取り分けたあとに残る金額です。これを「余裕資金」といいます。生活資金とは、一時的に収入が途絶えたとき、次の収入が得られるようになるまでどのくらいの額が必要なのかと考えたらイメージしやすいです。

自分の生活に必要と思う金額を設定してください。

ただ、最初は本当に必要な生活資金の額を見誤ってしまう場合もあるので、**いきな**

り全部を投資に回すのではなく、少しずつ行いましょう。

そして、自分が**どのくらいまでの損なら耐えられるか（リスク許容度）や、ポートフォリオのメンテナンスにかけられる時間はどのくらいなのかを考えましょう。**そうすれば、自分がどの投資に向いているか分かってきます。特に希望がない場合は、国内資産と海外資産を半々ずつから始めて様子を見ながら調整する方法もあります。

私の投資講座では、自分で資産ポートフォリオをつくってシミュレーションする課題があります。たとえば、「日経平均株価に連動した投資信託」「Ｓ＆Ｐ５００に連動した投資信託」「原油価格に連動した投資信託」などに少しずつ投資したつもりで、その価額を毎日確認します。

こうすると、どのくらい価格が変動して、市場が動くのか、自分がどのくらい儲かったのか分かると同時に、「今日は下がった」というときに、自分の心がどこまで耐えられるか（リスク許容度）がつかめてきます。こうやって継続的にモニターしながら市場の動きや自分のリスク許容度を体感すると、最適なポートフォリオができていきます。みなさんもぜひ試してみてください。

投資を実際に一緒にやってみよう

さあ、ここから実際に投資をしてみましょう。全体の流れについて説明します。

投資は、5つのステップに分かれます。

ステップ① 投資のための準備を整える
ステップ② 購入する
ステップ③ 資産ポートフォリオを用意する
ステップ④ 自分のリスク許容度と投資スタイルを把握する
ステップ⑤ 資産ポートフォリオをアップデートする

この先、投資に迷ったときなどに、この5つを念頭に置いておくと自分の立ち位置が把握できるでしょう。この5つさえきちんとしていれば、失敗はしづらいです。

ステップ① 投資のための準備を整える

投資を始めるには元手となる資金が必要です。**元手の資金は「余裕資金」で始めること（投資の鉄則：10ケ条①）が大切です。**これは徹底しましょう。

現在の生活のために必要なお金である、「生活資金」を割り出しましょう。生活資金は、第2章でつくった家計簿を見ながら、毎日の暮らしにかかるお金にプラスして、たとえば子供の学費、自動車や自宅の購入など、ある程度支出が決まっている金額を含めるようにしてください。病気やケガ、失業など万一の場合のことも含んだ、1年程度暮らせるお金のことです。

そして、このような生活資金を取り分けて残ったお金が、「余裕資金」として投資にまわせます。預貯金も含めて余裕資金全体のバランスを管理していきましょう。**もし魅力的な投資商品があっても、「生活資金」を投資にまわすことは絶対にやめましょ**

う。

実際に投資をはじめようと思ったら、まずは口座が必要です。口座はあなたのお金がどのように動いたかを記録し、管理するために欠かせないしくみです。

投資信託を購入する場合は一般に、銀行なら「銀行口座(総合口座や普通預金口座)」と「投資信託口座」、証券会社なら「証券口座(総合取引口座)」が必要です。

なお、もし銀行や証券会社、運用会社など、投資信託にたずさわる機関が破綻したとしても、投資家であるあなたが投資信託に預けたお金は分別管理され、制度的に守られますのでご安心ください。

それでは、口座をどこの金融機関に開けばいいのでしょうか。さまざまな金融機関があるため、どこがいいのか迷うと思います。

どこにするか迷ったら、**ＳＢＩ証券や楽天証券など、商品ラインナップが多く、コストが安い傾向にある大手ネット証券会社にしてみましょう。**担当者から情報収集したり、細かい手続きについて丁寧なサポートがあったほうがいい方は店舗のある大手証券会社がよいでしょう。

とりあえず複数の金融機関で口座を開き、提供される情報やウェブサイトの使い勝手などを試してから決めてもいいです。口座の開設自体は無料ですし、不要だと感じたら閉じればいいだけです。

ただ、これは面倒ですよね。しかもNISAの場合は、口座はひとつしか持てません。課税口座はいくつでも持てますが、税制優遇を受けられるNISA口座はすべての金融機関を通じてひとつしか保有できない決まりがあります。

この章の後半に、実際につみたてNISAの買い方について説明するのですが、そこでは口座を具体的にどう選ぶかを説明していますので、ぜひそちらをご覧ください。

ステップ② 購入する

はじめて購入するときは、**リスクの低いもの**から始めます（鉄則⑦）。そして、**少額から試す**ようにしてください（鉄則⑧）。

リスクの低い投資商品から説明していきます。「私は預金の延長くらいがいい」という人は、先に説明した通り、リスクの低い個人向け国債から始めるとよいでしょう。そのあと、インデックス型の投資信託について検討してみましょう。繰り返しになりますが、インデックス型の投資信託は少額から購入することができます。インデックス型の投資信託で実際何をどう買ったらいいかについては、のちほど詳しく説明します。

個別企業の株式や社債については、企業の経営や財務について分析できるように

なってからです。

そのための知識やスキルが別途必要になりますので、まずは投資信託を通じた運用から始めて、ある程度慣れてから個別企業の分析について学びの機会を持つようにしてください。

ステップ③ 資産ポートフォリオを用意する

投資先がふたつ以上になってくると、全体像を把握しておくことが必要になってきます。

投資は、集中投資を避けてリスクを分散する（鉄則⑨）ことが大切です。**そのため、全体像をまとめて一覧できる「資産ポートフォリオ」を整えていきましょう。**

具体的には、エクセルなどを使って保有する金融資産を記録することをおすすめしています。

エクセルにまとめるのは、

①いつ何にいくら投資したかの購入時の情報

②現在いくらなのかを知るための市場評価額

です。②に関しては更新も大切です。更新のタイミングは、投資商品のリスクの大きさに応じて変わります。インデックス型のシンプルな投資信託のみを購入している方は年に1度でもかまいません。**分散があまり効いていない方はリスクの度合いに応じて数週間から数カ月の単位で見直していくとよいでしょう。**

個別の会社の株を購入した方は毎日確認するぐらいの気持ちで臨むといいかもしれません。最初は毎日更新を続けて、慣れてきたら徐々に更新の間隔をあけてみましょう。

③資産の種類ごとの構成比（株式、債券、不動産など）
④地域ごとの構成比（日本、アメリカ、ヨーロッパ、新興国など）
⑤通貨ごとの構成比（日本円、アメリカドル、ユーロなど）

です。

これらを、一覧表や円グラフの形でまとめておくと便利です。

ステップ④あなたはどれくらいリスクに耐えられるか&メンテナンスの時間をつくれるか

投資を始めてしばらく経つと、日々の値動きや資産ポートフォリオの推移が見えてきます。

これまで何度も言ってきましたが、こうした動きに自分がどこまで耐えられるかを探ってみてください。自分がどれくらいリスクの許容をできるかは、長く投資とつきあうためにとても大切です。

特に、下落したときの反応は人それぞれ異なります。市場価格の動きが気になって仕事が手につかない！　などという状況はよくありません。

ポイントは、日常生活に支障が出ないことです。これを基準に、リスクを抑えるようにしてください。

リスクを抑えたつもりでも、リーマン・ショックやコロナ・ショックと呼ばれるように、市場全体が下がってしまうときもあります。ただ、そのような場合でも再び上昇局面に転じることは歴史が証明しています。長期で見たら利益が出ることも多いです。特にいろいろな人が売買を急いでいるときは、プロの運用担当者でもついつい夢中になりすぎてしまうこともあります。焦りを抑えて次の機会を待つために「休むも相場」という格言もあるほどです。投資は長期で取り組むのがいちばんです。それができるように、**一喜一憂せず、自分の心に合わせて、中長期的にドーンと構えられるぐらいのポートフォリオになるまで調整していきましょう。（鉄則⑩）**

また、もうひとつ観察してほしいのが、「自分が費やせる時間」です。**投資先を検討し、モニタリングするために使える時間とエネルギーについても考えてみましょう。**

あなたは情報収集や分析、ポートフォリオのメンテナンスにどれだけの時間とエネルギーをかけられそうでしょうか。投資が仕事のデイトレーダーと違い、たいていの人は、1週間に一度とか1カ月に一度ぐらいしか時間をつくれないはずです。

たとえば3ヶ月に一度しか確認できないのに、価格変動の大きな商品を購入したら、知らないうちに売り遅れて大きな損を出すということもあり得ます。こうやって、自分の生活に合わせた投資スタイルを選択していきましょう。

ステップ⑤ 資産ポートフォリオをアップデートする

はじめは慎重にやっていても、慣れてくると大雑把になりがちです。最初に購入するときにはいろいろ調べていても、その後は放置してしまうという方がとても多いです。

市場価格が下がっても見て見ぬフリをしたり、なかには買ったことすら忘れていたり、倒産や上場廃止になって初めてその会社の株を持っていたことに気づいたという方もいます（いずれも実話です！）。

たとえばスーパーで、10円や１００円の節約をがんばることはあるのに、何十万何百万円の金額を放置するのはもったいないことです。

では一体どうしたらいいのでしょうか。**それは、定期的にステップ3でつくった資産ポートフォリオを確認することです。**

これは、積立型でも逐次購入するスタイルの場合でも、同じです。**特定の資産や地**

域に偏りが生じていたら、意識して調整するようにしましょう。

慣れてきて時間やエネルギーに余裕のある方は、資産ポートフォリオの一部を売却し、新たな資産に入れ替えることも考えてみましょう。

ここまでの5ステップには、「投資の鉄則」を忘れないようにしましょう。これら10ケ条はどれも大切ですが、なかでも、「③理解できるまで確認する」「④投資に関する無意識のバイアスに注意する」「⑥自分で判断する」は特に重要です。

常に意識するようにしてください。

自分自身も自分のポートフォリオも、常に最高の状態にしておけるよう、常に学び続けるという気持ちでいましょう。最初は大変だと感じるかもしれませんが、習慣にしてしまえば大丈夫です。「3カ月に1回は見る」、「お金のことを話せる友人に半年に一度会う」などと決めておけば、ポートフォリオを見直す時間もむりなく設定できるかもしれません。自分が心地いいと感じる投資とのつきあい方を見つけましょう。

「複利の効果」を活用しよう！

投資した元本のみに利息がつくことを単利、投資元本だけでなく、それまで得た利息を足したものにまた利息がつくことを複利といいます。

複利で運用する場合、運用期間が長いほど利息額が増えます。これを「複利の効果」と呼びます。次のページ図の通り、「複利の効果」は雪だるま式に増える力を持つのです。

元本にプラスして、得た利息ごとまた利息がつくので、元本だけの状態よりどんどん増えていきます。

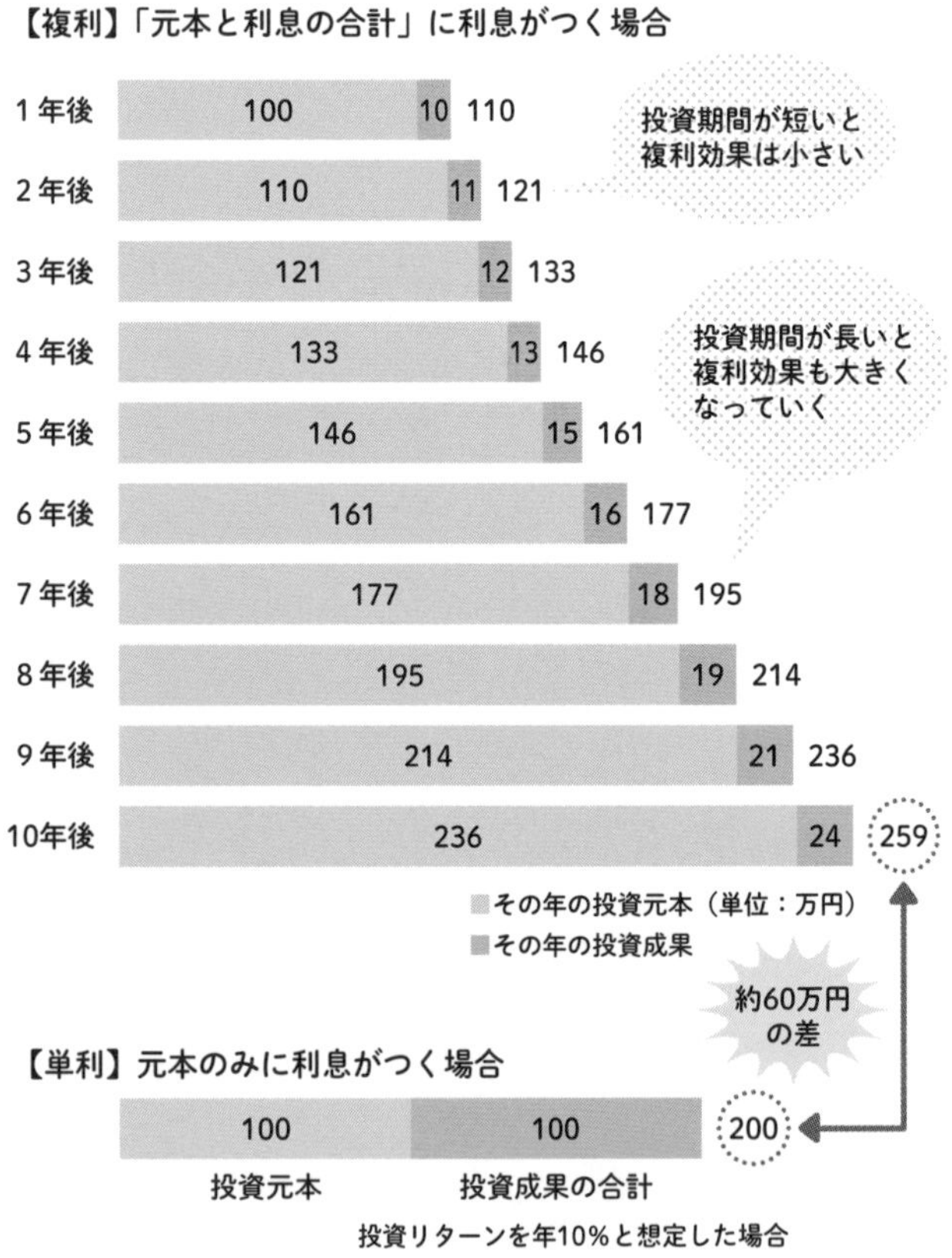

出所：https://www.fsa.go.jp/policy/nisa2/knowledge/basic/index.html（金融庁）
を元に著者作成

複利と単利の比較

目論見書のどこをどう読めばいいのか

ここまでで、大まかな購入の流れが分かったと思います。でも、じゃあ実際、投資信託はどう選んだらいいかと思う人もいるでしょう。

ここでは、投資信託（ファンドとも言います）の選び方について一緒に見ていきたいと思います。

投資信託を選ぶときに、確認すべきものがいくつかあります。

まず、気になる投資信託を見つけたら、販売を担当する証券会社や銀行などを通じて投資信託説明書（交付《こうふ》目論見書《もくろみしょ》、ここからは目論見書と呼びます）を入手しましょう。店舗だけでなくウェブサイトからダウンロードできる場合も多いです。

この目論見書にはファンドの目的・特色や投資リスク、運用実績、手続・手数料などの情報が含まれています。

ここでは架空の投資信託「★★インデックスファンド・米国株式（Ｓ＆Ｐ５００）」を例にあげ、一緒に見ていきたいと思います。

目論見書が入手できたら、表紙を見て商品分類と属性区分を確認します。

２７０ページに、★★インデックスファンドの表紙を載せました。このファンドは追加型①で、主に海外（北米）の株式に投資すること②、Ｓ＆Ｐ５００指数（配当込み、円換算ベース）を対象インデックスとして同じ運用成果を目指すこと③、原則として為替ヘッジは行わず④、年に1回の決算があること⑤が分かります（①〜⑤は図の数字と対応）。

なお追加型とは、ファンドの運用が開始してからも購入できるという意味です。もし単位型となっていた場合は、ファンドの設定前に申し込んだ人しか買うことができません。

目標とするインデックス（この場合だとＳ＆Ｐ５００指数）をベンチマーク、インデックスに連動した運用成果を目指すことをパッシブ運用とも呼びます。

Ｓ＆Ｐ５００（配当込み、円換算ベース）の年間リターンは、過去30年間の平均で約12％ありました。**米国株をおすすめする方が多い理由は過去の運用実績が好調なためです。**

ただ、今後もこれまでと同様の成長が続くかは分かりません。**より分散をはかるなら米国だけでなく全世界の株に投資しましょう。**

名前に全世界株式やオール・カントリーなどの言葉が入った投資信託をチェックしてみましょう。全世界株のバリエーションとして、先進国のみに絞ったものや、日本を除く全世界株に投資する商品もあります。

私は、日本に住んで日本の会社から給料をもらっているのなら、日本に投資しているのと同じことだと思っています。ですので、日本を外したオール・カウントリーの投資信託をおすすめします。新ＮＩＳＡならこれ一択もありかもしれません。

資産の種類を分散するためには、株式の他に不動産投資信託（ＲＥＩＴ、リート）や債券などの投資信託を組み合わせてもいいでしょう。

投資信託説明書
（交付目論見書）

使用開始日
202X.11.1

★★インデックスファンド・米国株式（S&P500）

愛称：IndexF-SP500

追加型投信／海外／株式／インデックス型

商品分類				属性区分					
単位型・追加型	投資対象地域	投資対象資産（収益の源泉）	補足分類	投資対象資産	決算頻度	投資対象地域	投資形態	為替ヘッジ	対象インデックス
追加型 ❶	海外 ❷	株式	インデックス型	その他資産	年１回 ❺	北米	ファミリーファンド	なし ❹	その他（S&P500指数（配当込、円換算ベース）） ❸

※商品分類および属性区分の内容については、一般社団法人投資信託協会のホームページ（https://www.toushin.or.jp/）でご覧いただけます。

ご購入に際しては本書の内容を十分にお読みください。

- ●本書は、金融商品取引法第13条の規定に基づく目論見書です。
- ●ファンドに関する投資信託説明書（請求目論見書）を含む詳細な情報は、委託会社のホームページで閲覧、ダウンロードできます。約款の全文は請求目論見書に掲載されています。
- ●ファンドの販売会社、ファンドの基準価額等については下記の照会先までお問い合わせください。

委託会社	ファンドの運用の指図等を行います
□□アセットマネジメント株式会社	

受託会社	ファンドの財産の保管と管理を行います
◇◇信託銀行株式会社	

目論見書の見方（表紙）

分配金の中でも、「無分配型」を選ぶ

目論見書の中も見てみましょう。２７３ページに★★インデックスファンドの目論見書の中身を載せました。見るべきポイントは「基準価格」と「分配」です。ここでは、まず分配について説明します。基準価格についてはのちほど説明します。

投資信託の売買でのリターンは、売却益（キャピタルゲイン、最終的にその投資信託を売ったときに出る利益）の他に、分配金（インカムゲイン）を受け取れるものがあります。

２７０ページの目論見書には、年1回の決算があると書いていました。分配金とは、毎月や隔月、年2回、年1回など投資信託によって決められた決算時に、収益の一部を投資家に払い出すものです。

日本では長らく、毎月この分配金がもらえる「毎月分配型」の投資信託が人気でした。定期的におこづかいをもらっているような感覚が受けたのかもしれません。

しかし、毎月分配金をもらうことにこだわりすぎると、分配金の原資が足りない時に、あなたが払った元本の一部から分配金を払われてしまう場合があります。これを「特別分配金（元本払戻金）」と呼びます。

本来、収益の一部を払うべきですが（これを「普通分配金」といいます）、特別分配金は無理をして分配金を払っている状態です。

投資信託によっては最初から分配金を出さないと決めている「無分配型」もあります。私はこの「無分配型」をおすすめします。**すでに「複利の効果」を説明しましたが、このタイプのほうが効率よくお金が増えやすいからです。**この★★インデックスファンドは、表紙には年1回の決算と書かれていましたが、273ページの「分配の推移」を見ると、すべて0円です。つまり、結果的に無分配になっているっことが分かります。**収益の一部を分配金として払い出さずにそのまま再投資したほうが元のお金が大きくなるので、この無分配はおすすめです。**

「複利の効果」について学んだら、より効率よくお金に働いてもらえるよう、「毎月分配型」よりも将来に向けて再投資していく「無分配型」が欲しくなるのではないでしょうか。

運用実績

■基準価額・純資産総額の推移（設定来）

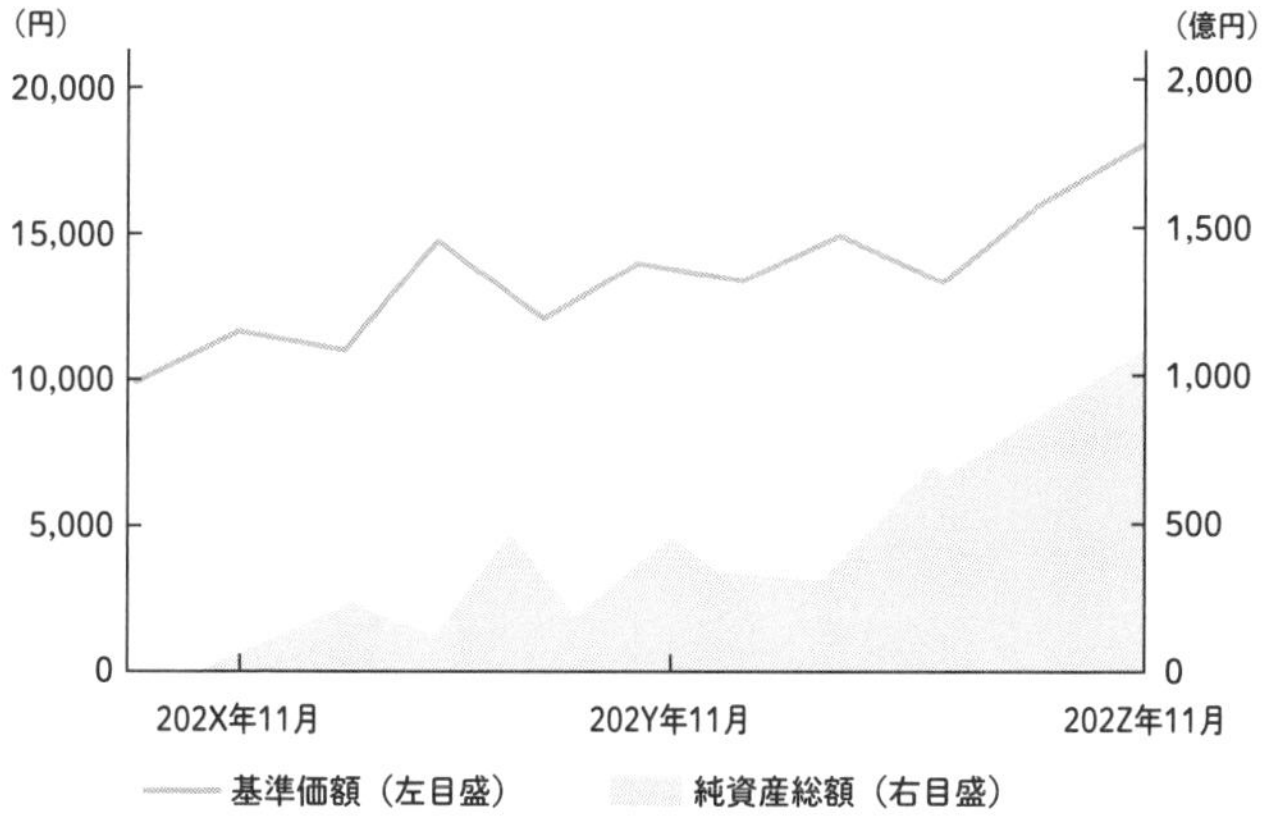

■基準価額・純資産（202Z年11月30日現在）

基準価額	18,590円
純資産総額	1,146億円

■分配の推移（１万口あたり、税引前）

202X年11月	0円
202Y年11月	0円
202Z年11月	0円
設定来累計	0円

★★インデックスファンドの目論見書の中身

その投資信託が何で構成されているか確認する

基準価額とは投資信託の価格のことです。これは、さまざまな要因で変動します。

しかし、投資信託の元本は、保証されません。

市場や経済などの動き、組み入れた個々の資産価格のほか、外貨建資産《がいかだてしさん》を為替ヘッジなしで組み入れていれば為替のリスクも生じます。組み入れた資産の発行者の経営・財務が悪化して影響を受ける信用リスクもあります。投資対象や地域によっては、戦争などの地政学リスクを負う場合があります。

相対的にリスクの低い投資信託でも、大きなリターンを狙うと思わぬリスクを抱えてしまう可能性があります。

購入を検討している投資信託にどのようなリスクが想定されているか、投資信託説明書を見て、何が組み入れられているか事前に確認しておきましょう。

これまでの運用実績も確認する

目論見書では、買いたい商品の運用実績も見ておきましょう。

実績とは、その投資信託のこれまでの成績です。

投資信託を買う前にまず、**販売会社や運用会社のウェブサイトを開いて「基準価額」の推移を見てみましょう。**投資信託の商品名で検索すると、過去の基準価額や純資産総額の推移を見ることができます。

投資信託が新たに設定された当初は、基準価額は1万円からスタートします。その後、運用成績に応じて変動していきます。

分配金を支払った場合はその分だけ基準価額が下がります。

270ページで例に出したファンドを見てみましょう。基準価格は上がっていますので、成績がいいことが分かります。

主要な組み入れ資産の状況も確認でき、また、目論見書の中で、インデックス型の投資信託の場合は、ベンチマーク（ここではＳ＆Ｐ５００）とその投資信託の運用実績を比較するためのデータも提供されているはずです。

インデックス型では運用成果が連動することを目指していますので、ベンチマークの成績が冴えなければその投資信託の成績も当然冴えないことになります。

ちなみに、ベンチマークの成績が良いときも悪いときもそれを上回る運用成果を出すことを目指すのがアクティブ型の運用です。

過去の運用成績が良いからといって今後の成績が保証されるわけではありませんが、それでも、基準価額の推移を見ることで、その投資信託が健全に運用されているのか確認することができます。

また、**純資産総額という金額は、ファンドの規模を表します。この純資産総額が減少傾向にある場合は避けたほうがいいかもしれません。**これも、運用会社などのウェブサイトで推移を確認できます。

その投資信託の購入にかかる費用を確認する

投資信託の売買には、さまざまな費用がかかります。購入時の手数料（**販売手数料**）はもちろん、保有している間の運用管理費用（**信託報酬**）、解約時の費用（**信託財産留保額**）、**税金**が主なものです。これらも購入前に目論見書を見てすべて確認してください。

手数料は特に要注意です。

期待されるリターンを超えそうな高水準の手数料を最初から設定している商品もあるため、購入前に確認するようにしてください。

税金については、金融商品に投資して得た利益には一律20・３１５％（所得税15％、住民税５％、復興特別所得税０・３１５％）がかけられることとなっています。

１００万円投資して１５０万円になったら、利益である50万円のうち10万１５７５

円（50万円×20・315％）を税金として支払う必要があります。結構大きいですよね。
一定の条件を満たせばこの20・315％を払わなくてもいいのがNISAという制度です。NISAについては後ほど詳しく説明します。

販売会社や運用会社のウェブサイトでは、目論見書のほか、より詳細な情報をまとめた請求目論見書、投資家のために運用状況を決算期毎などでまとめた運用報告書、毎月の運用状況をまとめた月報などがあるので、ぜひ参照しながら確認してみてください。

一般社団法人投資信託協会では投資信託などについて解説したガイドブックを作成しています。個人の場合、おひとりにつき1冊まで無料で入手可能です（2023年11月4日時点）。

「無意識のバイアス」が投資にもある

私たちは誰もが「無意識のバイアス」を持っています。これは人間である限り仕方がないことです。ただ、知識があれば避けられる可能性もあります。

投資にも「無意識のバイアス」が存在しますので、ぜひ一緒に見ていきたいと思います。

まず、ひとつ目の例はホーム（カントリー）バイアスです。

これは、投資先が自分が住んでいる国に集中しやすい傾向を指します。

たとえば、日本の株式市場の時価総額は世界の10％未満しかありません。仮に世界の市場と同じ程度まで分散しようとしたら、日本もそのくらいにすべきですが、自分の住んでいる国の情報は入手しやすく、他国に比べてよく知っているという安心感から、ついつい自国を過大評価してしまいがちです。

ふたつ目の例は損失回避バイアスです。**人は得をするよりも損失の回避を優先する傾向があることが分かっています。**プロスペクト理論とも表現されます。

このバイアスがかかると、投資した商品の価格が上昇基調にあっても、価格が下落に転じることに不安になり、早めに売却してしまいます。あるいは、下落基調で本来は売るべきときに、損失が確定することを恐れて、見なかったことにしてしまうことも損失回避バイアスです。

これら「無意識のバイアス」に引きずられないよう注意してください。

あなたはバイアスに流されやすいタイプ？

損失回避バイアスについてのセルフチェックリストをつくってみました。次のふたつの質問に回答して、ご自身の傾向を確認してみてください。

質問1：もし無料でもらえるとしたら
①絶対に50万円もらえるチケットA
②50％の確率で0円になるか100万円になるチケットB
のどちらを選びますか？

質問2：もし無料でもらえるとしたら
③絶対に40万円もらえるチケットC
④あるいは質問1と同じチケットB

のどちらがよいですか？

みなさんのお好みはいかがでしたか。

この質問をすると、回答はまちまちです。「絶対にもらえる」ことを重視する方も、「100万円もらえる可能性にかけたい！」という方もいます。リスク許容度や損失回避バイアスの度合いにより選択は異なります。

一方、投資のリターンとして考えると、少し違う世界が見えてきます。**「絶対にもらえる」ことが必ずしも最優先とはなりません。**ここでは、よく使われる期待リターン（期待収益率）という考え方を適用するとどう解釈できるか、それぞれのチケットについて一緒に見てみましょう。なお、期待リターンとは投資したときに得られると予想される平均的なリターンを指す言葉です。

質問1

①チケットAの期待リターン：50万円＝50万円×100％

②チケットBの期待リターン：50万円＝（0円×50％）＋（100万円×50％）

質問2
③チケットCの期待リターン：40万円＝40万円×１００％
④チケットBの期待リターン：50万円＝（0円×50％）＋（１００万円×50％）

質問1の場合だと、チケットAとチケットBで期待されるリターンは一緒です。期待リターンの観点からはどちらを選んでも正解です。

つまり、チケットBで0円になるリスクを避け、絶対に50万円もらえるチケットAを選んだ方は損失回避バイアスが強い傾向があります。

逆に、チケットBの１００万円もらえるかもしれないチャンスに魅力を感じた方は損失回避バイアスが弱い可能性があるということです。

質問2では、チケットBの期待リターンの方がCよりも高いことが分かります。

つまり、質問2でチケットCを選んだ人は、損失回避バイアスがかなり強いと言えます。期待リターンで見たらチケットBが正解となりますが、**たとえ期待リターンが低くとも絶対にもらえることが判断の決め手となる方もいるわけです。**

自分にどんな傾向があるかを知った上で、投資する際に振り回されないよう意識していきたいところです。

実際にＮＩＳＡを一緒に見よう

ここからは、具体的にＮＩＳＡのやり方についても、一緒に見ていきます。何もやったことがない人も、やっているけど正解が分からず迷っている人も、基本の流れを知っておきましょう。ここまで、投資信託の選び方を見てきましたが、おさらいをかねてやっていきましょう。

最初に投資をするならＮＩＳＡ口座の活用をおすすめします。

通常、金融商品に投資をすると利益の20・315％の税金を払わなければいけません。しかし、ＮＩＳＡ口座のなかで投資して得た利益なら、その税金を払わなくてよくなる制度だからです。

ＮＩＳＡは投資額や投資対象を自分で選んで運用する制度なので、他の投資とも流れはよく似ています。

ＮＩＳＡには「つみたて投資枠」と「成長投資枠」があります。

特に、投資が初めてで自分のリスク許容度がよく分からない、モニタリングにかけられる時間が限られている、という方は、**少額投資で低リスクの商品が選びやすい「つみたて投資枠」から始めてみるのがおすすめです。**

ここでは「つみたて投資枠」を例にして見ていきますが、「成長投資枠」についても基本的な手順は同じです。

NISAについて

NISA（少額投資非課税制度）とは、2014年にスタートした個人投資家のための税制優遇制度のことを言います。

さきほど、普通ならとられる税がとられないというメリットがあると言いましたが、この意味で積極的に活用したい制度です。

なぜ税金がかけられないのかというと、国が投資を国民に推奨するためです。かつて、景気回復や株価対策のための証券優遇税制により、投資して得た利益に適用する税率が従来の半分の10%に抑えられていた時期がありました。

この優遇税制が2013年末に終了したため、これに代わり個人の資産形成を支援・促進する対策としてイギリスのISA（Individual Savings Account＝個人貯蓄口座）をモデルにして日本版のNISA（ニーサ・Nippon Individual Savings Account）がスタートしました。**2024年からのNISAでは投資金額の上限として年間投資**

枠や非課税保有限度額（生涯投資枠）が設定されていますが、期間には制限はありません。

生涯投資枠は１８００万円です。

この枠を最短で使い切りたい方は、「つみたて投資枠」に年間１２０万円（年間の上限額）、「成長投資枠」に年間２４０万円（年間の上限額）を投資すると、５年間で満額に到達します（（１２０万円＋２４０万円）×５年＝１８００万円）。「つみたて投資枠」だけを使いたい方は、年間１２０万円ずつ投資を続けると15年で満額になります（１２０万円×15年＝１８００万円）。

一方、「成長投資枠」には生涯投資枠として１２００万円の上限があるため、「成長投資枠」だけで１８００万円を使い切ることはできません。なお、一度上限に達しても、売却したら翌年には枠が復活します。

ここでは、ＮＩＳＡの投資枠をイメージするため、枠を使い切る視点で説明してみました。

しかし、投資の目的はＮＩＳＡの枠を使い切ることではありません。**投資についての大切な３つのポイント（投資についての知識、リスク許容度、モニタリングにかけ**

られる時間）を意識し、余裕資金のなかからあなたにとって心地よいと感じられる金額や頻度で投資を進めてください。枠を使い切ることよりも、この非課税制度を上手に活用できることが大切です。

「つみたて投資枠」と「成長投資枠」を一気に使うと、最短で5年で使いきれます。しかし、まだ慣れていないうちに一気に投資することはおすすめしません。少しずつやってみて、徐々に投資額を増やすのがいいでしょう。

また、2023年までの旧NISAをしていた方は、それまでの運用とは別枠で、新しく2024年からのNISAを持つことができます。それまでのNISAに入金することはもうありませんが、そのまま旧NISAが運用されてお得です。旧NISAはつみたて時から20年までは利益に対する税金がかかりません。忘れずに運用してください。

NISAは投資して得た利益に本来かかる税金がないという「制度」です。**いわば「非課税の箱」を手に入れるのと同じイメージです。**NISAという名前の金融商品があるわけではありません。

まず金融機関を選ぼう

まずは口座を開きます。

NISA口座を開くためには、証券会社の口座を開くことが必要です。総合証券口座を開き、それとは別にNISAの口座をまた開くようなイメージです。実際にどこの金融機関で口座を開くか、選んでいきましょう。

読者のみなさんはすでに、ひとつあるいは複数の銀行口座を持っていることと思います。

NISA口座は銀行でも証券会社でも開設できますが、**投資対象や商品ラインナップの多さなどの面から、証券会社での口座開設をおすすめしています。**

NISA口座用の金融機関を選ぶために5つのチェックポイントを用意してみました。

①投資対象を決める

実質的な元本保証のある個人向けの日本国債しか買いたくない方から、投資信託や個別企業の株式、社債などに投資したい方まで、希望する投資対象は異なります。

これはＮＩＳＡの話ではありませんが、**個人向けの日本国債しか購入する予定がなく手間をかけたくない方は、すでに口座をお持ちの銀行で購入するとよいでしょう。**個人向け国債には手数料がかからず、どの金融機関から購入しても価格は同じだからです。国債はＮＩＳＡの投資対象でもありません。もともとおつきあいのある銀行で購入したほうがまとめて管理しやすいです。

ただ、証券会社のなかには口座開設や国債購入でキャッシュバックやポイント付与などのキャンペーンを実施しているところもありますので、少し時間をかけて調べてみてもいいかなと思った方は、証券会社での口座開設も検討してみてください。

どこまで投資対象を広げるかについては、あなた自身の投資に関する知識やリスク許容度、モニタリングにかけられる時間を考えれば、きっと見えてくるはずです。**投資信託は銀行でも証券会社でも購入することはできますが、将来的に個別企業の株式も売買したい場合、最初から証券会社にしておくことをおすすめします。**

②商品ラインナップを見る：金融機関によって取り扱っている商品のラインナップが違います。NISA口座のつみたて投資枠では、最低積立額や積立のタイミングにも違いがあります。**銀行よりも証券会社、そして証券会社の中でもネット証券のほうがより選択肢が多いです。**

100円から試してみたい、毎日・毎週など積立のタイミングを細かく選びたい場合はネット証券がよいでしょう。もしすでに気になっている商品がある場合は、取扱いの有無について口座開設前に確認してみてください。

③コストがどのくらいかかるかを見る：NISA口座で積み立てできる投資信託の販売手数料はゼロ円（ノーロードと言います）です。一方、課税口座で取り扱う投資信託には金融機関によって販売手数料がかかる場合があります。購入した商

品を保有している間にかかる費用のことを信託報酬といいますが、これが低い商品が充実しているかについても、事前に確認しておきましょう。

商品にもよりますが、一般に**ネット証券会社のほうが低コストになっています。**

④**情報提供の方法を知る**：金融機関はそれぞれ、経済や金融、市場の動き、投資商品の価格推移などの情報を日々提供しています。

自分が口座を開いた金融機関のウェブサイトを通じて自分で情報収集したり売買したりすることに不安を感じる場合は、対面で相談できる店舗型の金融機関をおすすめします。その分手数料はかかりますが、窓口や電話などで担当者から直接サポートが受けられるほうがよい方もいます。サポートの手厚さを重視するか、コストを下げたいか、好みは人それぞれです。

ウェブサイトで提供される情報の量や見せ方も各社で異なります。**自分にとっての分かりやすさと使いやすさを確認して金融機関を選んでください。**

⑤**ポイントがつくかどうかなど**：クレジットカードや各種ポイントサービスなどと

連携した口座もあります。たとえば、楽天証券は楽天カードを使った「投資信託のクレジットカードつみたて」を導入し、つみたて額に応じてポイントを付与したところ、大人気になりました。現在では他の金融機関も似たサービスを提供しています。

カードの年会費やポイント付与の条件、還元率などは金融機関により異なりますので、何社か比較してみてください。また、証券会社によっては口座開設時や特定の商品を購入した際にまとまったポイントをプレゼントするキャンペーンを実施している場合もあります。

この5つの検討ポイントを意識しながら、口座を開くための金融機関を選んでみましょう。ネット上で比較一覧表なども提供されていますので、時間をとって確認してみてください。

ＮＩＳＡ口座を開いてみよう

金融機関が決まったら、次はいよいよ口座の開設です。

ここでは証券会社でＮＩＳＡ口座を開く場合について考えてみます。その際どう行動するかは、次の3パターンに分かれます。

①証券会社にまだ口座がなく、初めてＮＩＳＡ口座を開く場合

証券総合口座とＮＩＳＡ口座の両方を開く必要があります。ふたつの口座の新規開設を依頼しましょう。本人確認書類とマイナンバー確認書類が必要です。

②すでに証券総合口座を持っていて、初めてＮＩＳＡ口座を開く場合

証券会社にＮＩＳＡ口座の新規開設を依頼します。マイナンバーが未提出の場合は提出が必要になります。

③すでに持っているNISA口座とは別の証券会社へ変更したい場合

現在NISA口座のある金融機関に連絡して金融機関変更手続きを進め、「勘定廃止通知書」（勘定廃止）または「非課税口座廃止通知書」（口座閉鎖）のいずれかを受け取ります。受け取った書類はNISA口座を開設したい証券会社に提出します。あとは①または②と同じ手続きで進めていきます。

こうして、NISA口座を申し込むと、証券会社が税務署へ申請手続きをしてくれます。

税務署では、申請者がすでに別でNISA口座を保有していないかなど確認し審査します。

一連の手続きが完了すると、口座開設のお知らせが届きます。**口座開設までの間に、あなたが買いつけたい商品について検討しておくと、その後がスムーズに進みます。**口座の開設は申し込みから3週間程度かかります。

ただ、SBI証券や楽天証券など一部の証券会社では「非課税口座簡易開設届出書」を提出すれば、数日以内で開設ができます。口座開設日から、購入も可能です。これは税務署による審査を待たずに口座開設が完了できる、簡易ＮＩＳＡ口座開設制度による対応です。

ですので、そのあと税務署によって審査があります。税務署の審査に落ちた場合は、ＮＩＳＡ口座簡易開設の申請時に買いつけた商品は一般口座での取引として扱われます。課税対象となるので気をつけてください。

商品を選んで買いつけの準備を進めよう！

口座開設の連絡が届いたら、いよいよ買いつけられる！　とワクワクしている方も多いかと思います。

さて、あなたの大切な投資資金をどこから調達し／どの投資商品に／いくらずつ／どんなペースで投資していくか、もう決めてありますか？

見切り発車は後々の面倒や後悔のもとです。買う前に一旦立ち止まり、投資にまわせる余裕資金について検討してみてください。

以前作成したライフイベントシートを取り出し、いつの時点でどの程度の資金を投資にまわせそうか、改めて確認してみると安心です。

それではいよいよ本題に入ります。引き続き、少額からの「長期・積立・分散投資」がしやすいＮＩＳＡの「つみたて投資枠」で説明します。

つみたて投資枠で選べる投資信託はいろいろありますが、**まずは運用コストが低め**

で運用方針や値動きが分かりやすいインデックス型の投資信託を選んでみましょう。参照しているインデックス（指数）が何かを確認することで、その投資信託の投資対象が分かります。２６７ページで説明をした投資信託の選び方を思い出し、選んでみましょう。たとえば、日本の経済や市場の成長に期待が持てそうだと感じた場合は、「日経平均株価」や「ＴＯＰＩＸ」などをインデックスとする投資信託を選びます。

以前、オールカウントリー一択もありかもしれないと言いましたが、もし心配で分散したいなら、株以外の種類を選ぶ方が分散が効きます。私は債権の投資信託をおすすめします。

債権の投資信託は、「これが特にいい」というものはなく、「eMAXIS Slim 先進国債権インデックス」のように先進国の債権は大体いいでしょう。

しかし、日本に住んで日本で収入を得ている場合、投資先は日本以外にしておくほうがリスクを分散できるかと思います。特定の地域に集中しないよう、全世界を対象としたインデックスを選ぶこともできます。世界の先進国の株を対象にした指数としては、米国のＭＳＣＩ社が算出するＭＳＣＩワールド・インデックスが有名です。「分散」を忘れずに選んでみてください。

その国の将来を予想して買う

もう少し具体的に、どの投資信託を選ぶか考えてみましょう。

あなたはいま、どの国や地域の経済や市場の成長が期待できそうだと思いますか。

中長期的な視点から想像してみてください。あわせて、証券会社のウェブサイトなどから、気になる国の株価が過去どのように推移してきたかを確認してみましょう。

アメリカのように右肩上がりの場合もありますし、日本のようにバブル崩壊で下がった後、再度上昇している場合もあります。

過去の株価の動きから、変動幅の大きさや大きく動いたときの背景など何か気づくこともあるかもしれません。

ここで大切なのは、株価は将来を予想しながら動いていくということです。**みなさんもぜひ、世界の政治経済や金融市場がどのように動くか考えながら、どの国がより期待できそうか想像してみてください。**後で紹介する「ＰＥＳＴ分析」は将来を予想するために便利なツールです。

これという国がよく分からない場合は、気になるものを少しずつ購入して試したり、特定の国に偏らないよう全世界の株式を対象にしたインデックスを選びます。

同じインデックスや似たインデックスを参照する投資信託も複数あるでしょう。そのときはコストの安さや純資産総額の大きさについても確認しましょう。**純資産総額が大きい商品は人気があり、実績をともなっている可能性が高いためです。**

また、投資信託説明書（交付目論見書）を必ず確認するようにしてください。前にも書きましたが、これは投資判断に必要な重要事項を記載した書類で、銀行や証券会社の窓口あるいはホームページから入手できます。

購入しようとしている投資信託の運用方針や特徴、想定されるリスク、運用実績、手数料などを確認します。

実際の購入の仕方

買いつける商品が決まったら、証券会社のウェブサイトにログインします。

まずは入金が必要です。トップページから入出金のコーナーを探してください。口座を開設した証券会社により若干異なりますが、ほとんどの証券会社では1回ずつ入金する方法と、あらかじめ設定した金額を定期的に入金できる自動入金サービスを活用する方法についての説明が見つかると思います。

まずは、つみたて金額にあわせて自動入金サービスを設定しておくと便利です。ただ、すぐに買いつけをスタートしたい方や成長投資枠でも購入したい方は、必要金額を1回ずつ入金する方法を試してみましょう。最初の買いつけ額に少し余裕を持たせた金額を入金できるといいかと思います。

次はいよいよ商品を選択し、積立金額や積立の頻度を設定していきます。

さきほども言いましたが、自分の生涯で非課税になる、生涯非課税投資枠は１８００万円、うち年間の非課税枠は「つみたて投資枠」が１２０万円、「成長投資枠」は２４０万円が上限です。

大切なのはあなたのライフスタイルを優先し、無理のない範囲で投資していくことですが、投資期間を長くとって複利の効果を最大化するためには、早めに投資していきたいところでもあります。

もし年間１２０万円ずつ積み立てられるだけの余裕資金があるなら、「つみたて投資枠」で毎月10万円ずつの積立を設定すると分かりやすいです。

ボーナス払いを併用したければ、たとえば、通常月は7万円ずつ、年間2回のボーナス月は18万円ずつに分けるやり方もあります（たとえですので、実際の金額はご自身で設定してください）。このペースで続けると、最速15年で満額の１８００万円に到達します。

もちろん、最速15年で満額投資を目指さずに、少しずつ試していくのもＯＫです。大手証券会社や銀行では毎月１０００円から、ネット証券などでは１００円から積み立てられる場合が多くあります。

生涯非課税投資枠の1800万円には期限はありません。自分の未来をよくするための投資ですので、積み立てる金額も頻度も自分のペースで設定することが大切です。

参考までに、金融庁HPには、「資産運用シミュレーション」というものがあります。毎月いくら積み立てたら将来いくらになるのか、将来の目標額に到達するためには毎月いくらずつ積み立てたらいいのかなど、イメージできるようになっています。想定利回りを変更しながら、いろいろ試してイメージしてみてください。

それでは、証券会社のウェブサイトでNISA口座の画面を開いてみましょう。

①最初に、つみたてNISAを選択します。
②次に、積み立てする投資信託を選びます。
③続いて、積立金額を設定します。
④複数の投資信託を選んだ場合は、商品ごとの配分を設定します。

注文を完了する前に、目論見書の確認がまだの方は必ずご一読ください。運用商品によっては購入後に思わぬリスクが起こることもあります。

なんとなくOKボタンを押して閲覧したことにせず、毎回しっかり読み込んで、潜在的なリスクから自分を守るようにしてください。

モニタリングとメンテナンスのための しくみをつくる

すべてのものに、「はじまり」と「おわり」、そして**「そのあいだ」を意識すると、さまざまな関係が大切に見えてきます。**

気に入って買ったはずなのに、使わなくなってしまった物。
最初は気遣いにあふれていたのに、親しくなると配慮に欠けてしまう関係。
閉店すると聞いて、急にみんなが押し寄せるお店。
はじまりとおわりは目立つものですが、そのあいだは見落としがちです。

投資も同じです。はじまりとおわりとそのあいだを意識すればいいことは投資にもあてはまります。

最初は一所懸命調べたり比較検討して買ったものでも、モニタリングは忘れがちです。

「株を持っている会社が倒産しそう」

「投資していた会社が上場廃止になった」

など、大きな変化が生じたときに慌てて相談に来る方もいます。

あなたが保有する資産の一覧は証券会社のウェブサイト上で確認できるはずです。

最低でも年に1度（リスクの高い商品をお持ちの方はより頻繁に）、保有する投資信託の基準価額や純資産額を確認するようにしてください。なお、NISA口座以外で複数の証券会社などにまたがって投資している方は、自分でエクセルシートなどをつくって一覧できるようにしておきましょう。また、投資信託の運用成果については運用報告書などで確認できます。

習慣にしてしまえばいいので、最初はあらかじめカレンダーに記録したり、定期的

にお金まわりを整えるためのリマインダーが届くようにしたり、商品価格が大きく動いたら、証券会社からお知らせがくるようしておきましょう。

ちなみに、個別企業の株に投資している方は、Googleアラートに投資先の会社名など気になるキーワードを登録しておくと、そのキーワードを含むニュースが決まった時間に流れてくるようにできて便利です。「決算」「割安」などのキーワードのほか、「SDGs」「AI」などのテーマで設定するのもよいでしょう。

最初にきちんと調べることももちろん大切ですが、「おわり」と「そのあいだ」については忘れがちです。視界に入らないと忘れてしまいます。だからこそ、モニタリングやメンテナンスのために、自動的あるいは半強制的に動き出すためのしくみを自分で持っておきましょう。

ここまでで、つみたてNISAのおおまかな流れは終わりました。全体を見てしまえば、意外にシンプルだったと思います。自信を持って、ぜひやってみてください!

価格が下がったら どのくらい動揺するか知っておく

ある日、証券会社のウェブサイトを開いてみたら、保有している投資信託の基準価額が大きく下がっていた、ということがあるかもしれません。

もしいま売ったら損失が確定してしまう、いわゆる含み損（評価損）と呼ばれる状態です。

こうなったとき、それ以降は基準価額のチェックをやめてしまう方がいます。もうかっているときは楽しんでいたのに損が出そうになると急につまらなくなったり、怖くなって見るのをやめてしまうパターンです。

投資に現実逃避や過度な楽観主義は大敵です。特に個別企業の株に投資している場合、放置している間にさらに下がってどんどん損失が拡大してしまうと、もったいないことになります。

ＮＩＳＡのつみたて投資枠で買えるインデックス型の投資信託は基本的に分散がきいています。**下がっても慌てず淡々と積み立てを続けたほうがいい場合が多いです。**

一方、個別企業の株価は**今後の回復が見込めない場合もあります。その場合は決断をして損切り（売却して損失を確定すること）しましょう。**回収した資金を、より将来性のある商品に投資してください。

迷ったときは、その商品を保有していないと仮定して、「自分は今まっさらな気持ちでこの商品をこの価格で買いたいか？」と自問してください。

割安で買いたいと思えるなら、そのまま保有しましょう。もし、今から買うことはないなと感じたなら、その商品の売却を検討しましょう。

目指すのは、増えたお金で自分を幸せにすること

お金があれば人生の選択肢は増えます。しかし、お金を貯めるだけでは意味がありません。投資をしても、口座に入れたままでは何も変わりません。

つまりお金があっても、上手に使わなければ未来は変わりません。

大切なのは、あなたの願う未来のために、増えたお金を活用していくことです。**目指しているのはお金を増やすことではなく、増えたお金を使って自分を幸せにすることです。**

つみたて投資枠については長期投資が基本のため、頻繁に売買する必要はありません。現状を確認しながら、もし他にもっとよい商品（手数料が安い、運用成績がよいなど）を見つけることができたら入れ替える程度でよいかと思います。

将来的に投資の知識が身につき、よりリスクが取れるようになったり、モニタリングに時間をかけられるようになった方は、成長投資枠で売却益を狙うような投資に挑戦してもいいでしょう。その場合は、売却するタイミング（出口）を意識しながらしっかり利益を実現するようにしましょう。

投資は入口よりも出口のほうが難しいと言われます。

悩んでいるうちに売りそびれたり機会を逃してしまうこともあります。**「3割上下したら売却するか検討する」など、あらかじめ自分なりの出口戦略を決めておくのもよいでしょう。**また、投資についてオープンかつ中立的に話せる場を確保しておくと安心感が高まります。

あなたの願う未来を実現するために、これらを意識しながら過ごしてみてください。ライフイベントシートやビジョンシートを定期的に見直すことをおすすめしています。あなた自身の幸せのために、増えたお金を上手に使ってください。

ｉＤｅＣｏについて

ＮＩＳＡとともによく話題にのぼるのがｉＤｅＣｏ（個人型確定拠出年金）です。ｉＤｅＣｏは自分のために自分で年金を積み立てる制度のことで、ＮＩＳＡと同じく掛金も積み立てる商品も自分で決めていきます。ＮＩＳＡとの違いは、ＮＩＳＡとはまた違った税金の優遇があることと、受けとれるのが60歳以降になることです。

原則として、20歳から65歳未満の国民年金・厚生年金加入者が対象です。公的年金にプラスして受け取れ、拠出時（掛け金を収めるときのこと）、運用時、受取時の3つのタイミングで税制の優遇が受けられるお得な制度になっています。

具体的には、

①**拠出時**：掛金の金額が所得控除の対象になるので、その年の所得税と翌年の住民税が減る

②運用時：運用で利益が出ても税金がかからない（これはＮＩＳＡと同じ）

③受取時：年金として受け取る場合は公的年金控除の対象として、一括で受け取る場合は退職所得控除の対象として、一定額まで非課税になる

このようにお得なｉＤｅＣｏですが、国民年金の被保険者種別やお勤め先の企業年金の違い（加入資格区分）により掛金の限度額が違ってきます。

自営業者など第１号被保険者の場合、掛金の上限は月額６万８０００円、年額81万６０００円です（付加保険料や国民年金基金の掛け金を合算した上限）。会社員など第２号被保険者の場合、会社に企業年金がない方は年額27万６０００円までです。

企業型確定拠出年金（ＤＣ）や確定給付企業年金（ＤＢ）に加入している方、公務員の方の上限もそれぞれ異なります。

会社員の方は複雑で分かりにくいため、加入を検討する際にはまず、勤務先の担当部署に相談してみてください。

ｉＤｅＣｏ公式サイトに「カンタン加入診断」のコーナーがありますので、こちらで試してみるのもいいでしょう。

ｉＤｅＣｏ公式サイト（https://www.ideco-koushiki.jp/）の「イデコダイヤル」を通じて電話で相談することもできます。

ｉＤｅＣｏは60歳以降しか受け取れない

ｉＤｅＣｏは年金ですので、受け取れるのは60歳以降になります。

いつでも売却・換金できるＮＩＳＡとは異なりますので、積み立ては上限額にこだわらず、無理のない範囲で行いましょう。

最終的に受け取れる金額は、それまでの掛け金や運用成績によって異なります。受け取る方法は、分割で受け取る「年金方式」、一括で受け取る「一時金方式」や、両者を組み合わせた方式も選ぶこともできます。実際に受け取る時期が近づいたら、そのときの税制も確認して選択するようにしてください。

国民年金保険料の免除を受けている方、公的年金を受給された方（繰り上げ請求した場合を含む）、個人型確定拠出年金（ｉＤｅＣｏ）の老齢給付金を受給された方は原則、加入できません。また、企業型確定拠出年金の加入者の場合、マッチング拠出

加入資格		拠出限度額
（第1号被保険者・任意加入被保険者）自営業者等		月額6.8万円（年額81.6万円）（国民年金基金または国民年金付加保険料との合算枠）
（第2号被保険者）会社員・公務員等	会社に企業年金がない会社員	月額2.3万円（年額27.6万円）
	企業型DC(※1)のみに加入している会社員	月額2.0万円(※3)
	DB(※2)と企業型DC(※1)に加入している会社員	月額1.2万円(※4)
	DB(※2)のみに加入している会社員	月額1.2万円（年額14.4万円）
	公務員	月額1.2万円（年額14.4万円）
（第3号被保険者）専業主婦（夫）		月額2.3万円（年額27.6万円）

※1　企業型DCとは、企業型確定拠出年金のことをいう
※2　DBとは、確定給付企業年金（DB）、厚生年金基金、石炭鉱業年金基金、私立学校教職員共済をいう
※3　企業型確定拠出年金（企業型DC）のみに加入する場合
月額5.5万円ー各月の企業型DCの事業主掛金額（ただし、月額2万円を上限）
※4　企業型DCとDBの両方に加入する場合
月額2.75万円ー各月の企業型DCの事業主掛金額（ただし、月額1.2万円を上限）

出所：https://www.ideco-koushiki.jp/start/（iDeCo公式サイト）を元に著者作成

iDecoの拠出限度額について

を選択していないこと、事業主掛金額が年単位拠出になっていないことなどの諸条件があります。詳しくは運営管理機関や勤務先などにご相談ください。

ｉＤｅＣｏをはじめるためには金融機関で口座を開設する必要があります。ＮＩＳＡ同様、すべての金融機関を通じてひとり１口座しか開けません。事前に下調べをしてから金融機関を選択してください。

金融機関を選ぶ際のポイントはＮＩＳＡと同じですが、**コストと商品ラインナップが重要です。**

元本確保型の定期預金や保険商品、元本変動型の投資信託などさまざまな商品があります。金融機関のウェブサイトや店頭にあるパンフレットなどを読み込んでみてください。

ｉＤｅＣｏでは口座を開いた金融機関への運用管理手数料、運営主体である国民年金基金連合会への加入時ならびに拠出時に払う手数料、事務委託先の金融機関への手数料もかかってきます。

このうち、運営管理手数料については金融機関によって大きく変わってきます。**ぜひ無料の金融機関を選ぶようにしてください。**仮に毎月300円だったとしても、もし30年払い続けたら10万円を超えます（300円×12カ月×30年＝10万8000円！）。長期間の運用は、手数料の影響が大きくなるので気をつけましょう。

iDeCoとNISAの使い分けについて

iDeCoとNISAについてそれぞれのしくみは分かったけれど、どう使い分けたらいいか悩んでいる方もいることと思います。

現在の資産状況や、今後のライフプランを確認しながら、自分にあった配分を考えるのがいちばんです。資産状況は自分の貸借対照表や資産ポートフォリオを見てみましょう。また、今後のライフプランについてはビジョンシートやライフイベントシートを活用してください。その上で、あなたの資金の出入りから使い分けの方法について考えてみましょう。

若いうちは収入に比べて、学びや経験のための自己投資の金額が大きい傾向があります。**年齢にかかわらず、途中で売却して換金する可能性がある方は、売却できるNISAに優先的に配分するといいと思います。**

ひるがえって**ｉＤｅＣｏには所得控除のメリットがありますので、キャリアを重ねて収入が増えた方はｉＤｅＣｏに払い込む額を徐々に増やしていきましょう。**

ただし、ｉＤｅＣｏの払い出しは60歳以降ですので、60歳になってから使うお金のための運用先と考えて、無理のない範囲で掛金を設定してください。

貯金のリスクは、インフレーション

もし銀行が破綻したら、あなたに返ってくるのは元金１０００万円とその利息までだと前述しました。

銀行にお金を預けるリスクは、実はもうひとつあります。

それは、インフレーション（物価が上昇し続けること、インフレ）です。 インフレが起きると物やサービスの価格が上がります。たとえば、昨日まで１００円で買えたパンが、今日は１２０円払わないと買えないという状態です。そうすると、あなたの持つ現金、預金、日本国債などの資産の価値も目減りすることになります。

たとえば、１億円持っているから大丈夫！　と思っても、もし将来の物価が現在の2倍になったら、１億円の実質的な価値は半減して、５０００万円ということになります。そうなると、将来予定していた暮らしができなくなるリスクがあるのです。

現時点で日本円の価値が大きく減ると予想する人は少ないと思います。とはいえ、将来何が起こるかは誰にも分かりません。**可能な範囲でこれに備えるには、資産の一部を外国通貨建てにすることです。**預貯金の一部を米ドルなど外国通貨にすれば、インフレによるリスクの分散がはかれます。日本と海外では通貨も市場の動きも異なるためです（ただし、外国通貨での預金は預金保険機構の保護対象ではないためご注意ください）。**また、為替リスクを避けたい方は、株式や不動産などインフレに強い資産（あるいはそれらの資産に投資する投資信託）を検討してもよいでしょう。**

ただし、インフレリスクを警戒して別のリスクを取り過ぎては元も子もありません。十分な知識とリスク管理体制の下で投資するようにしてください。

ここまでお伝えしたように、もし投資が自分の性格に向いてないと思っている人は、投資をする必要はありません。苦手な方は預貯金に重点を置いても大丈夫です。

大切なのは、預貯金にもリスクがあることを認識することです。投資が難しければ、預貯金のリスクを何でカバーしたらいいのか、自分にとってのベストな選択を考えてみてください。

COLUMN

高リターンの商品には それだけ高いリスクがある

投資はなによりも「自分のペース」が大切ですが、金融知識を身につけて自分らしく投資に取り組んでいても、魅力的な投資話に心を動かされることはよくあります。

そんなときは、高リターンの商品にはそれだけ高いリスクがあることを思い出してください。高いリターンの影に高額な手数料が隠れていることもあります。

あるいは、高金利通貨で運用され、現地通貨では高いリターンに見えるものの、日本円に換算したら元本割れのリスクがある商品かもしれません。

「積立利率〇〇%保証」など運用の成果を約束するドル建て保険などもありますが、保証される利回りはドル建ての場合のみです。購入したときより円安であればラッキーですが、円高が進んだときにドルから円に戻すと、もともと払い込んだ金額よりも減ってしまうリスクがあります。

そもそも、保険料として集められたお金はすべて積立部分に回るわけではありません。積立利率は積立部分に回った金額に対する利率ですので、実際に払い込んだ保険料全体に対する利率にはなりません。貯蓄目的で保険を購入するよりも、保障が必要な部分は掛け捨て保険で、貯蓄目的の部分はＮＩＳＡなどを活用しながらコストを抑えて運用したほうが合理的なのではないでしょうか。

金利の水準は国や時代によって異なります。日本の金利は１９８０年代後半のバブル期に上昇し、その後は低下傾向をたどりました。１９９０年頃は郵便局で1年定期に預けるだけでも６％程度の金利がつきました。ゆうちょ銀行にいま1年定期をしたら金利は０・００２％です（２０２３年12月1日時点）。**世の中の金利が軒並み低い時代に高いリターンをあげることは、プロでも難しい話です。**おいしい話と思ったら落とし穴があったり、詐欺まがいの手口の可能性すらあります。商品内容と予想されるリスクについては必ず確認してから購入するようにしてください。自分の資産は自分で守るしかないのです。

ところで、銀行などで投資信託や保険商品をすすめられたことはありますか。これらの商品を販売することでどうやってもうけていると思いますか？

答えは手数料です。

商品を販売して得た手数料から収入を得ていますので、販売手数料の高い商品をすすめる傾向があります。

売り手は、自分たちに都合のよい情報を強調して購入をうながしてくる可能性もあります。優れた販売実績をあげた担当者には運用会社からご褒美的な「研修旅行」が用意されることもあります。

リスクの説明不足や回転売買の勧誘など、顧客を軽視した対応が目立つ場合、金融庁が調査に入り業務改善命令や行政処分勧告が出されることがあります。それでも「売れば手数料が儲かる」立場の人に相談すれば、都合がいい商品をすすめられる可能性があります。

おまかせコースにも注意してください

「投資したいけれど面倒なことはいや」

「普段はプロに任せておいて、たまに報告してもらえたらいいな」

そんな声に応えるべく登場したファンドラップ（ラップ口座）という商品があります。投資資金を振り込んだら、運用についてはすべておまかせができる商品です。

実際、証券会社からすすめられて１００万円ほど預けた知人がいます。短期間で半分以下になってしまい、私のところに相談がありました。**内容を確認したところ、手数料が高く運用成績のよくないファンドが組み込まれていました。**

運用や管理をプロに任せること自体は問題ありません。しかし、何が入っているのか、本当に任せていいのかの最終的な判断はいつも自分で行うようにしましょう。投資も、自分でハンドルを握りましょう。

もっと投資をしてみたいと思ったら

これまで、預貯金や個人向け国債、インデックス型の投資信託を活用した投資について説明してきました。少しずつ投資を進めて慣れてきたら、入れ替えたり、次は投資対象を広げて株にチャレンジしたりすることを検討してみましょう。

そのためにはさらなる情報収集と世の中の流れをとらえるための思考力が欠かせません。必要なのは、買おうとしている商品まわりの情報だけでなく、**市場全体の動きをより広く知ることです。**私は、投資信託の次のステップとして、１００円でも１０００円でも、ちょっと買ってみるのがいいと思います。そうすることで、グッと投資の世界が身近になってくるでしょう。

特定の株式を買ったらその会社のニュースだけ見ていればいいわけではありません。同じく、米国株の投資信託を買ったときに見るべきは、米国株式市場だけではありません。**まずは世の中全体の動きを大きくとらえるマクロの視点が大切です。**ついつい、自分が買った株式の情報（ミクロ）だけを見てしまいがちですが、世の中全体（マクロ）を見た上で、特定の業界や企業について改めて分析することをおすすめしています。

全体像をとらえることは、投資だけでなく、自分のキャリアなどを検討する際にも役立ちます。**あなたを取り巻く環境を分析し、そのうえで判断できるためです。**国内外の政治や経済について少しでも話せるようになると、担当する仕事や出会える人の範囲も広がります。

目の前にある個別の物事（投資でいえば個別の投資商品）を掘り下げて「具体化」するだけでなく、それを取り巻く全体（投資でいえば市場全体）の構造や枠組みをシンプルにとらえて「抽象化」することも意識してみてください。虫眼鏡を持ったつもりで「具体化」してみたり、空高く舞い上がって世の中全体を見渡したつもりで「抽象化」してみたり。両方を行き来しながら考えることで、思考力も鍛えられるはずです。

では、全体像をとらえるためにはどうしたらいいでしょうか。

まずは情報収集からです。新聞や経済誌などにも目を通すようにしましょう。最初は『日本経済新聞』や『日経ビジネス』、東洋経済オンライン、ダイヤモンド・オンラインなどのウェブサイトで無料会員に登録し、定期的に送られてくるメールでニュースの見出しを確認するだけでもいいと思います。

無料会員でもニュースを一部読める場合もあります。詳しく確認したい場合は、図書館に行ったり有料会員になる選択もあります。また、テレビ東京が放映する『Ｎｅｗｓモーニングサテライト』は多くの市場関係者が見ています。毎朝、国内外の動きをコンパクトに確認することができます。

こうして得た個々の情報を抽象化し、世の中の構造や枠組み、今後の市場に影響しそうな要因をシンプルにまとめることが重要です。

みなさんはバタフライ効果という言葉を聞いたことはありますか？　気象学者のエドワード・ローレンツ博士による、「蝶が羽根を動かすだけで遠くの気象に影響を与えるか？」という問いに由来する言葉で、とても小さな出来事が最終的に予想もしないような影響を及ぼす可能性を示しています。似た概念として、日本でも「風が吹けば桶屋が儲かる」ということわざがあります。世界各地のさまざまな事象や思惑が絡み合い、市場の動きに影響を及ぼしますので、意識して全体像をとらえるようにしましょう。

全体像をとらえる方法はいろいろありますが、ここではマーケティング分野などで活用されるＰＥＳＴ分析を紹介したいと思います。

３３３ページの図がＰＥＳＴ分析です。ＰＥＳＴは、政治（Ｐ）、経済（Ｅ）、社会（Ｓ）、技術（Ｔ）の頭文字をとってできたもので、この４分野を見れば、世の中全体の動き、つまりマクロ環境をとらえやすいです。

マクロ環境を分析するためのチェックリストとして使うと、新たな気づきを得たり見落としを防いだりできます。

少し例をあげて考えてみましょう。社会分野（Ｓ）のテーマである「少子高齢化」

について考えます。日本では「少子高齢化」への対策が急務とされています。近年、出生数が減り、日本の人口は減少しています。高齢者の割合が増え、人口構成が変化しています。これにより、どのような影響が予想されるでしょうか。

経済分野（Ｅ）では、働ける人の数が不足して企業の経営に支障が出はじめています。それでは困るからということで、政治分野（Ｐ）からは高齢者や女性、外国人などに働いてもらえるように制度が整えられつつあります。技術分野（Ｔ）では人のかわりにロボットが働いたり、ＡＩの登場で作業自体が不要になる場合もあります。

ここでみなさんは、今後の日本の政策がどう動いていくと思いますか。どんな政策があれば少子化が防げそうでしょうか。児童手当などの支援拡充や働き方改革は効果があると思いますか。少子化問題に直面した他の国の対応はどうでしょうか。フランスなどの成功例から日本が学べそうなことはありますか。先端技術で代替できる仕事とそうでない仕事の違いはどこにありそうですか。あなた自身のお仕事についてはどうなるでしょうか。何がバタフライ効果を引き起こすか、普段から考える癖をつけておきましょう。気軽に話せる仲間がいると、自分ひとりでは気づきにくい視点にも出会いやすくなるでしょう。

＼政治、法律系／

各国政府の動きや政府間の関係性を見る。法律や制度、規制などを含む

（例）
・国の政策
・政権

＼経済・市場系／

経済や金融に関連するものを見る。金融市場や労働市場の状態、変化を表すデータを含む

（例）
・為替
・金利

＼社会・文化・環境系／

人々の思考や思想、価値観、環境、生き方などを見る

（例）
・人口動態
・宗教観

＼技術系／

技術に関するあらゆるものを見る。人々の思考や価値観についても、技術面のことは社会ではなくこちらに分類する

（例）
・技術革新（AI，DXなど）

マクロ環境を分析する方法は多岐にわたります。上記は、マーケティングの第一人者のフィリップ・コトラー氏が提唱した手法です。

PEST分析をしてみよう

投資のシナリオを描く

自分なりの投資のシナリオを描くために、前述のＰＥＳＴ分析や日常耳にするニュースなどから、世の中の動きについて考えてみましょう。

いきなり大きな話でなくても大丈夫です。日々の生活から感じる変化や疑問点について頭の体操をするぐらいのつもりで取り組んでみてください。


物やサービスの値段はなぜ上昇しているのでしょうか。いつまで続くと思いますか。

賃金がなかなか上がらないのはなぜでしょうか。今後は上がると思いますか。

世界の政治や経済などでどんなことが注目されていますか。

株式市場や不動産市場、為替相場などに影響を与えそうなことはどんなことでしょうか。

自分の意思で商品を選んで投資していくためには、世の中や市場の動きについて自分なりに予想することが大切です。自分がつくったシナリオの精度や確度はそこまで高くなくても大丈夫です。気になるニュースや日々の気づきをそのままにせず、なぜ気になったのか、その背景にどんな構造や要因があるのか考える癖をつけてください。そして、今後の動きについても予想してみてください。

このシナリオは未来を予言するためではなく、何か変化が起きたときにすぐに動けるようにつくるものです。たとえば、自分がいいと思って買った会社の株価が急落したとします。一時的な下げにとどまるのか、このまま下がり続けるのか、素早く確認する必要があります。普段から頭の体操としてシナリオを描いていれば、その会社の株価の先行きに何らかの見通しをつけやすくなります。

何か起きてからゆっくり考えていると、売り遅れて損失が拡大してしまうかもしれません。市場の様子を確認しながら、結果としてネガティブな要素が見つかった場合は無理せず投資を見送るようにしてください。

「自分で予想する」とともに「『世の中の予想』を予想する」ことが大切

自分が選んだ投資商品が、予想通りの成果を上げたらとても嬉しくなります。お金が増えることもそうですが、世の中の動きをあれこれ予想しながら自分の資産を育てていくことができたら、これに勝る喜びはないのではないでしょうか。

投資で大切なのは、前の項目で触れた自分なりのシナリオを用意することですが、もうひとつ、重要な視点があります。

それは、他の投資家がどう予想しているかを知ることです。

たとえば、あなたはコスメが大好きで、いろいろなメーカーの商品や流行にもとても詳しいとしましょう。あるとき新商品を試してみて、画期的なすばらしさに感動したとします。この商品は絶対に売れるはずだ！　売れたら株価も上がるに違いない！と思って、そのメーカーの株を購入したとします。すばらしい商品に他の投資家も気づいてくれれば株価が上がる可能性があります。しかし、その商品を買っている人と株の投資家が一致しない場合、そのすばらしさは株価には反映されません。

投資商品の評価は多くの投資家が「いい」と思うことで上がりやすくなります。自分ひとりだけが評価していても、他の投資家がよいと思わなければ、価格には反映されません。**投資商品の価格には、人気投票の結果が表れているのです。**

最初は難しく感じるかもしれませんが、自分で予想するとともに、他の投資家がどう予想しているか、つまり「世の中の予想」についても見極めていきましょう。

ＰＥＳＴ分析などを使って、マクロの視点を意識して、ぜひ世の中の流れを自分なりに予想してみてください。

他の投資家の予想については、金融機関のレポートや経済誌の情報などを参考にしてみるとよいでしょう。証券会社によっては対面型のセミナーを開催していたり、自社のウェブサイトで市場見通しについての動画を配信している場合もあります。

ＹｏｕＴｕｂｅなどネット上の情報については、真偽を確認しながら、上手に活用してみてください。

おわりに

誰もが輝ける場所があります。
まだ気づいていなくても、道半ばであったとしても
何歳になっていても、その輝きが色褪せることはありません。
私たちは一人ひとりがすばらしい存在です。
学歴や肩書きやその他の属性は単なる記号に過ぎません。
誰もが幸せになる権利を持っているのです。

この本を手に取った瞬間から、あなたの「理想の人生」を生きる旅は始まっています。
この本には、知っていたら生きやすくなる情報を「お金×コーチング×ジェンダー」の切り口からギュギュっと詰め込みました。ステップごとに進めば、自分らしいお金とのつきあい方が身につくようデザインしています。一歩踏み出したい方も、すでに

変化を感じている方も、ぜひ何度も読み返しながら前進してみてください。

私がこの本を執筆したきっかけは、女性の経済的自立と自己肯定感の向上を後押ししたいと強く願ったことです。日本では金融教育の機会が限られる上、女性は無償労働を期待されたり、同じ職場でも男性より低い待遇になりがちです。

女性として生まれたことで「選べる力」が削がれてしまう社会構造に対抗するためには、女性向けの金融教育が必要だと考えました。独立した立場にある私なら、金融やジェンダーに関する知識を総動員して中立的に伝えられるはずと思ったのです。

私が主宰するお金の講座の受講生からは「人生観が変わった」「将来の不安が減った」「前向きになれた」など喜びの声が届いています。

自分を整え、お金まわりを整えると、自信が生まれてきます。こうした機会をより多くの女性に届けられることを願っています。

世界の主要国と比較して現在の日本は、将来への希望や職場での満足度など、幸福度に関するどの指標も低い状況です。このような生きづらい世の中の背景には、家父長制にもとづく管理社会の影響があるのではないでしょうか。

私たちは子供のころから「正解」としての行動規範を学びます。家庭のなかにも、会社や地域社会にも「正解」が存在します。周囲の評価を気にして「正解」にこだわりすぎると、息苦しくなったり、思考停止に陥る場合があります。

経済が右肩上がりの時代はそれに疑問を抱く人は少なかったかもしれません。しかし、いまは違います。世の中の「正解」に従っていても安定した生活を送れる保証はありません。むしろ、「正解」に縛られることで幸せを逃す可能性すらあるのです。

お金について考えるとき、日本では「汚い」「いやらしい」などマイナスのイメージを持つ方も多くいます。そのようなイメージは今すぐ手放しましょう。また、お金そのものだけでなく、お金を稼ぐしくみを知ることも重要です。しくみが分かれば、学んだことを活かして仕事や投資で経済的自立を目指せます。「もうけ話」に飛びついて後悔するリスクも減らせるでしょう。

精神的にも経済的にも自立／自律した状態を目指しましょう。自分のリソースを意味ある方法で効果的に使ってください。自分が心地よく過ごせる方法を知り、偶然の出会い（セレンディピティ）を楽しんでください。学び続けて深く考える癖をつけてください。あなたの人生のハンドルを誰かに奪われないよう、自分で「選べる力」を確保してください。自信を持って、あなたが輝ける世界を目指してください。

どこから取り組んでも大丈夫です。今いる場所から一歩踏み出すだけで、見える世界は広がります。自分軸で生きる覚悟を持ち、自分で自分を幸せにしていきましょう。ひとりでも多くの女性がもっともっと幸せに生きられるようになったら、この本を著した者としてこれほど嬉しいことはありません。もしよかったら、みなさんの体験談をお寄せください。（宛先：mayumi.life.coach@gmail.com）

この本を世に出すことができたのは、ひとえに編集担当の中野亜海さんのおかげです。「女性の経済的自立のための本を届けたい！」という私の気持ちに丁寧に寄り添ってくれました。また、亜海さんとのご縁を結んでくださったのは、尊敬する大先輩の土屋剛俊さんです。おふたりに厚く御礼を申し上げます。本当にありがとうございました。

参考文献

『節約・貯蓄・投資の前に 今さら聞けない お金の超基本』坂本綾子、朝日新聞出版(2018年)
『お金以前』土屋剛俊、日経BP(2023年)
『日本社会のしくみ 雇用・教育・福祉の歴史社会学』小熊英二、講談社現代新書(2019年)
『失敗の本質―日本軍の組織論的研究』戸部良一ほか、中公文庫(1991年)
『企業中心社会を超えて―現代日本を＜ジェンダー＞で読む』大沢真理、岩波現代文庫(2020年)
『WORK DESIGN 行動経済学でジェンダー格差を克服する』イリス・ボネット、NTT出版(2018年)
『ひれふせ、女たち:ミソジニーの論理』ケイト・マン、慶應義塾大学出版会(2019年)
『無意識のバイアス 人はなぜ人種差別をするのか』ジェニファー・エバーハート、明石書店(2020年)
『多様性の科学 画一的で凋落する組織、複数の視点で問題を解決する組織』
マシュー・サイド、ディスカヴァー・トゥエンティワン(2021年)
『ファスト&スロー あなたの意思はどのように決まるのか?』ダニエル・カーネマン、ハヤカワノンフィクション文庫(2014年)
『コーチング・バイブル(第3版)』ヘンリー・キムジーハウスほか、東洋経済新報社(2012年)
『薬膳上手は生き方上手 35歳から始める生涯現役へのステップ』中村きよみ、論創社(2015年)
「iDeCoを始めとした私的年金の現状と課題」厚生労働省年金局 企業年金・個人年金課(2019年)
「休眠預金等活用法Q&A(預貯金者の方などへ)2017年12月(2019年2月更新)」金融庁
『平成12年版厚生白書(概要版)』厚生労働省
「女性の活躍推進に関する世論調査(平成26年8月調査)(2014年11月4日更新)」内閣府
「社員のキャリア形成の現状と課題〜社員のキャリア形成の現状と課題に関する調査報告書〜」
中央大学大学院戦略経営研究科ワーク・ライフ・バランス&多様性推進・研究プロジェクト(2016年)
"Retirement Savings: Choosing a Withdrawal Rate That Is Sustainable", Philip L. Cooley, Carl M. Hubbard and Daniel T. Walz, 1998
"The Imposter Phenomenon in High Achieving Women: Dynamics and Therapeutic Intervention"
Pauline Rose Clance & Suzanne Imes, 1978
金融庁HP https://www.fsa.go.jp/policy/nisa2/index.html
財務省HP https://www.mof.go.jp/jgbs/individual/kojinmuke/
厚生労働省HP https://www.mhlw.go.jp/
内閣府 HP https://www.cao.go.jp/
国税庁HP https://www.nta.go.jp/
e-Gov ポータル https://elaws.e-gov.go.jp/
預金保険機構HP https://www.dic.go.jp/
経済協力開発機構(OECD) HP https://www.oecd.org/
iDeCo公式サイト https://www.ideco-koushiki.jp/
株式会社日本取引所グループHP https://www.jpx.co.jp/
日本証券業協会HP https://www.jsda.or.jp/
一般社団法人投資信託協会 https://www.toushin.or.jp/
宝くじ公式サイト https://www.takarakuji-official.jp/
株式会社婦人之友社HP https://www.fujinnotomo.co.jp/other/kakeibo/
株式会社主婦と生活社HP https://www.shufu.co.jp/
コクヨ株式会社HP https://www.kokuyo-st.co.jp/
かけ〜ぼ(家計簿) HP https://team-alfonsino.com/
Zaim HP https://zaim.net/
Money Forward ME HP https://moneyforward.com/me
一般社団法人全国青色申告会総連合HP https://www.zenaoirobr.jp/
日本商工会議所HP https://www.jcci.or.jp/
edX HP https://www.edx.org/
Googleアラート https://www.google.co.jp/alerts
株式会社ゆうちょ銀行HP https://www.jp-bank.japanpost.jp/kinri/kinri.html

安藤 真由美（あんどう まゆみ）

エグゼクティブコーチ、コンサルタント
国内外の金融機関等に22年勤務した後、ブリリアントライフ代表として独立。一般社団法人ジェンダー総合研究所共同代表、株式会社レーサム社外取締役。

ファンドマネージャーやアナリストとして数百社に及ぶ投資先の定量・定性分析や、トップ・マネジメントへのインタビューを行った経験を活かし、経営者や管理職を対象としたエグゼクティブコーチングやコンサルティングサービスを手がける。企業や大学などで講演・ワークショップを多数実施。個人向けにはパーソナル・ライフコーチングのほか、お金やジェンダーに関する女性向けの各種講座を提供する。性別や年齢、障がいなどの有無にかかわらず、誰もが生きやすい社会を目指して活動している。

1対1のコーチングセッションをする傍ら、女性のための「お金の教養講座」と「投資の講座」を立ち上げた。「お金×コーチング×ジェンダー」を切り口としたオリジナル講座は実践的な内容で定評がある。国内外のオンラインで参加した受講生から「人生観が変わった」「将来の不安が減った」「前向きな気持ちで生きられるようになった」など喜びの声が届いている。より多くの女性の経済的自立と自己肯定感の向上を目指して本書を執筆。

早稲田大学商学部卒、早稲田大学大学院ファイナンス研究科修了（MBA）、お茶の水女子大学大学院人間文化創成科学研究科ジェンダー社会科学専攻博士前期課程修了（社会科学修士）。得意分野は、組織論、ジェンダー論、リーダーシップ論、企業分析など。

お金の知識があるだけで
あなたが見られるはずの
とびきり輝く世界について

2024年1月9日　第1版第1刷発行

著者　安藤 真由美
発行者　中川 ヒロミ
発行　株式会社日経BP
発売　株式会社日経BPマーケティング
〒105-8308　東京都港区虎ノ門4-3-12
https://bookplus.nikkei.com

ブックデザイン　矢部 あずさ（bitterdesign）
イラスト　ツルモト マイ
校正　加藤 義廣（小柳商店）
編集　中野 亜海
本文DTP　フォレスト
印刷・製本　中央精版印刷

本書籍に関するお問い合わせ、ご連絡は下記にて承ります。
https://nkbp.jp/booksQA

ISBN 978-4-296-00179-8 ©2024 Mayumi Ando Printed in Japan